일러두기

원서에서 소개한 일본 고유종은 한국에서 관찰할 수 있는 생물로 수정해서 책에 실었습니다.
이 책에 소개한 생물의 분류 및 주요 서식지는
국립생물자원관(species.nibr.go.kr)의 정보를 참고했습니다.

탐험! 숲체험 생물 도감

초판 발행 2021년 10월 6일

지은이 이치니치 잇슈 / **감수** 고카 고이치 / **옮긴이** 박현숙 / **펴낸이** 김태헌
총괄 임규근 / **책임편집** 고현진
교정교열 박성숙 / **디자인** 천승훈
영업 문윤식, 조유미 / **마케팅** 박상용, 손희정, 박수미 / **제작** 박성우, 김정우

펴낸곳 한빛라이프 / **주소** 서울시 서대문구 연희로 2길 62
전화 02-336-7129 / **팩스** 02-325-6300
등록 2013년 11월 14일 제25100-2017-000059호
ISBN 979-11-90846-24-0 73490

한빛라이프는 한빛미디어(주)의 실용 브랜드로 우리의 일상을 환히 비추는 책을 펴냅니다.

이 책에 대한 의견이나 오탈자 및 잘못된 내용에 대한 수정 정보는 한빛미디어(주)의 홈페이지나 아래 이메일로
알려주십시오. 잘못된 책은 구입하신 서점에서 교환해 드립니다. 책값은 뒤표지에 표시되어 있습니다.

한빛미디어 홈페이지 www.hanbit.co.kr / **이메일** ask_life@hanbit.co.kr
페이스북 facebook.com/goodtipstoknow / **포스트** post.naver.com/hanbitstory

TANKEN! SATOYAMA IKIMONO ZUKAN
Copyright ©ICHINICHI ISSHU
Korean translation rights arranged with PARCO CO.,LTD
through Japan UNI Agency, Inc., Tokyo and JM Contents Agency Co., Seoul
이 책은 JMCA를 통한 저작권자와의 독점계약으로 한빛라이프에서 출간되었습니다.
저작권법에 의해 보호를 받는 저작물이므로 무단 복제 및 무단 전재를 금합니다.

지금 하지 않으면 할 수 없는 일이 있습니다.
책으로 펴내고 싶은 아이디어나 원고를 메일(writer@hanbit.co.kr)로 보내주세요.
한빛라이프는 여러분의 소중한 경험과 지식을 기다리고 있습니다.

자연 학습이 쉬워지는 일러스트 대백과

탐험! 숲체험 생물 도감

이치니치 잇슈 지음 / 고카 고이치 감수 / 박현숙 옮김

우리 마을 친구들을 찾아 떠나는
생물 탐험 지도

시골길을 걷다 보면 자꾸 걸음을 멈추게 됩니다. 길가에 핀 이름 모를 풀꽃과 팔랑대는 나비에 시선을 빼앗기기 때문이지요. 풀잎에 살짝 내려앉은 잠자리를 잡으려고 다가서다 어디선가 갑자기 튀어나온 풀벌레에 깜짝 놀라 물러선 적도 있습니다. 어쩌다 숲에서 작은 새나 다람쥐 같은 야생 동물을 발견하면 얼마나 기쁜지 가슴이 두근거립니다.

시골 마을은 숲과 습지, 농경지와 민가가 균형을 이루며 풍요로운 생태 환경을 품은 최고의 숲체험 공간입니다. 조금만 걸어 나가면 다양한 자연환경에서 서식하는 온갖 재미있는 생물을 만날 수 있습니다. 이 순간에도 시골 마을 곳곳에서 신기하고 독특한 생물들의 삶이 드라마처럼 펼쳐지고 있습니다. 탐험가가 된 기분으로 시골 마을 구석구석에서 살아가는 매력적인 생물들을 직접 만나러 떠나 보고 싶지 않나요?

이 책은 시골 마을에 사는 다양한 생물의 생태를 흥미진진하게 소개하는 생물 도감입니다. 이 책에서는 시골 마을 생물의 필드 사인과 특성을 귀여운 삽화와 함께 소개합니다. 필드 사인(Field sign)이란 야생 동물의 똥과 먹이를 먹은 흔적, 발자국 모양 등 특정 생물의 존재를 나타내는 흔적입니다. 보물을 찾으러 떠나는 탐험가에게는 보물의 위치가 그려진 지도가 필요하겠지요. 시골 마을 생물에 대한 궁금증을 풀기 위해 탐험을 떠나는 여러분에게는 바로 이 책이 필요합니다.

저자 이치니치 잇슈는 인기 삽화가이자 만화가입니다. 야생 생물 조사원으로 활동한 경험을 바탕으로 생물의 생태를 만화로 유쾌하게 풀어내 트위터에서 큰 인기를 끌었습니다. 생물의 특성을 생생하고 세심하게 묘사한 삽화는 귀엽고 친근해 자연과 생물을 아끼는 사람들의 마음을 사로잡았습니다. 그리고 현재 시골 마을이 처한 고령화, 저출산, 농경지 축소, 생물의 절멸과 개체 수 감소, 외래 생물 유입과 생태계 교란, 개발로 인한 서식지 분단 등의 문제를 만화로 알기 쉽게 공유하며 많은 사람의 공감을 끌어냈습니다.

이 책에는 집 주위에 서식하는 생물 22종, 물가와 풀밭에 서식하는 생물 26종, 숲·산·들에 서식하는 생물 21종이 실려 있습니다. 서식 장소별로 생물의 위치를 표시한 지도 실어 생물을 쉽게 찾을 수 있습니다. 분류와 크기, 생태에 관한 기본 정보가 생물 메모난에 정리되어 있고, 생물이 자주 나타나는 장소나 계절도 표시했습니다. 또한 비슷한 생물을 구별하는 방법도 사진이나 삽화로 자세히 소개해 생물 도감으로서 활용도가 매우 높습니다.

무엇보다 단순히 생물의 생태와 특성을 나열하는 데 그치지 않고 야생 생물과 사람이 함께 살아가는 방법에 대한 고민을 담았다는 점에서 이 책은 무척 특별합니다.

현대인들은 바쁜 일상에 치여 자연 속에서 살아가면서도 자연의 소중함을 잊기 쉽습니다. 눈길을 주지 않으면 길가에 핀 풀꽃은 마치 벽화처럼 그저 한낱 배경에 지나지 않습니다. 하지만 사진을 찍거나 그림으로 그려 도감 속에서 풀꽃의 이름을 찾는 순간, 풀꽃은 하나의 생물로서 특별한 의미를 지닙니다. 우리는 주변에 사는 매혹적인 생물의 생태를 눈으로 보고, 귀로 듣고, 냄새로 맡고, 만질 수 있습니다. 이렇게 꾸준히 생물을 탐구하면 자연스럽게 생물에 관한 애정이 생기고 저절로 자연과 환경 보전의 중요성을 깨닫게 될 겁니다.

자연 번역가 **박현숙**

이렇게 읽어요! ·· 10

1장 생물 친구들을 만나기 위한 준비

사람과 자연의 교차 지점, 시골 ··············· 12
마을 생태계 ··· 14
시골은 최고의 숲체험 장소 ····················· 16
숲체험 준비물 ······································ 17
'생물 레이더' 키우는 비결 ······················ 18
안전 관리 대책 ····································· 19
자연에서 만나기 쉬운 위험한 생물들 ········ 20
생물을 배려하는 관찰! ·························· 22

2장 시골집 주변 생물들 밭/과수원/들판/공원

만화 ··· 24
시골집 주변 생물 지도 ··························· 26
너구리 ·· 28
날다람쥐 ··· 29
두더지 ·· 30
집박쥐 ·· 31
참새 ··· 32
큰부리까마귀 ······································ 33
멧비둘기 ··· 34
제비 ··· 35
찌르레기 ··· 36
박새 ··· 37
휘파람새 ··· 38
딱새 ··· 39

때까치	40
솔부엉이	41
솔개	42
도마뱀붙이	43
도마뱀	44
두꺼비	45
배추흰나비	46
호랑나비	47
COLUMN 나비 애벌레를 키워보자!	48
무당벌레	49
개미귀신	50

3장 물가와 풀밭 생물들 논/강/연못/풀밭

만화	52
물가와 풀밭 생물 지도	54
멧밭쥐	56
황로	57
논병아리	58
물총새	59
종다리	60
꿩	61
왕새매	62
남생이	63
구렁이	64
유혈목이	65
붉은배영원	66
북방산개구리	67
참개구리	68

청개구리 · 69
피라미 · 70
미꾸리 · 71
송사리 · 72
붕어 · 73
COLUMN 물가에서 '첨벙첨벙' 물고기를 잡아보자! · 74
애반딧불이 · 75
밀잠자리 · 76
고추좀잠자리 · 77
왕잠자리 · 78
된장잠자리 · 79
송장헤엄치개 · 80
섬서구메뚜기 · 81
왕사마귀 · 82

4장 숲과 야산 생물들

만화 · 84
숲과 야산 생물 지도 · 86
청설모 · 88
꽃사슴 · 89
멧돼지 · 90
멧토끼 · 91
족제비 · 92
황금새 · 93
참매 · 94
오목눈이 · 95
쇠딱따구리 · 96
COLUMN 각양각색의 새 둥지를 소개합니다! · 97

산청개구리	98
왕오색나비	99
작은녹색부전나비	100
애호랑나비	101
COLUMN 봄 요정을 찾아 떠나자!	102
유지매미	103
비단벌레	104
장수풍뎅이	105
애사슴벌레	106
거품벌레	107
거위벌레	108
광대노린재	109
민물 비단게	110

5장   생물과 함께 살아가는 방법

시골 마을의 다양한 문제	112
마을과 생물의 문제 ① 농작 포기로 인한 멸종 위기종 발생	114
마을과 생물의 문제 ② 마을에 출몰하는 생물들	116
마을과 생물의 문제 ③ 논과 생물의 관계	118
마을과 생물의 문제 ④ 생태계를 교란하는 외래 생물	120
외래 생물 미니 도감	122
마을과 생물의 문제 ⑤ 개발로 인한 서식지 분단과 소실	124
마을과 생물의 문제 ⑥ 너무 많이 늘어난 야생 동물: 사슴과 멧돼지	126
우리가 할 수 있는 일	128
맺음말	130
찾아보기	131

이렇게 읽어요!

생물 이름

유사 종 소개
시골에는 다양한 생물이 있습니다. 특징이 비슷한 생물이나 특별한 관계에 있는 생물을 소개합니다.

* '분류'해 놓은 생물과 그렇지 않은 생물이 있습니다. '분류'하지 않은 생물은 그 페이지에서 소개하는 생물과 같은 과에 속합니다.

생물 메모
생물 분류와 크기, 서식지, 생태 등의 자료입니다.

찾아보기
생물이 자주 나타나는 장소나 계절을 표시합니다. 여러 장소에 두루 나타나는 생물은 주로 관찰되는 장소 이외에 중요한 서식 장소도 소개합니다.

생물과 만나자!
생물을 찾는 요령이나 특정 장소에서 보이는 행동을 설명합니다.

 ◀ **필드 사인** 야생 동물의 똥이나 먹이를 먹은 흔적(식흔), 발자국 등 특정 생물의 존재를 확인할 수 있는 흔적을 필드 사인이라고 합니다. 필드 사인이 있는 장소라면 원하는 생물을 만날 수 있을지도…!?

 ◀ **비교해 보자!** 성별이나 특징이 비슷한 생물을 구별하는 방법을 사진이나 삽화로 알려 줍니다.

◀ **찾아보자!** 어느 장소를 살피면 좋을지, 무엇을 볼 수 있는지 사진이나 삽화로 알려 줍니다.

1장
생물 친구들을 만나기 위한 준비

사람과 자연의 교차 지점, 시골

시골 마을의 자연환경은 깊은 산속이나 도시와는 다릅니다. 옛날부터 사람은 시골의 다양한 자연 혜택을 이용하며 살아왔지요. 나무를 땔감으로 쓰거나 낙엽을 주워 퇴비를 만들고, 원목을 이용해서 버섯을 재배하고, 사냥을 나가거나 나물을 캤습니다. 하지만 지금까지 사람이 아무 생각 없이 그저 시골의 자연환경을 계속 소비만 하면서 살아온 것은 아닙니다. 자연의 혜택을 대대손손 누릴 수 있도록 끊임없이 자연을 가꾸어 왔습니다. 숲에 햇빛이 적절히 들 수 있도록 너무 큰 나무는 베어 주고, 숲 바닥을 메운 대나무 덤불을 잘라 줍니다. 또한 봄에 새싹이 잘 자라도록 때로는 산에 불을 놓기도 하며 적절한 관리로 일정한 자연 상태를 유지해 왔습니다. 이렇듯 사람이 자연과 함께 살아가며 이룬 환경이 바로 우리의 시골 풍경입니다.

깊은 산 사람이 살기 힘든 높은 산. 아무도 손대지 않은 자연 그대로의 상태.

시골 도시에서 떨어져 있는 지역. 사람이 농업과 임업을 위해 자연을 계속 가꾸어 온 상태.

도시 사람이 많이 살면서 상업과 공업이 발달한 지역. 자연이 매우 부족한 상태.

※ 이 책에서는 집과 마을 뒷산, 그리고 뒷산까지 가는 길에 지나치는 숲, 연못, 논밭을 모두 포함한 넓은 의미의 이차적 자연을 시골의 자연환경으로 봅니다.

시골에는 재미있는 생물이 넘쳐난다!

시골에는 숲과 논, 연못, 풀밭 등이 있습니다. 이처럼 환경이 다양하면 여러 가지 생물을 볼 수 있지요. 잘 들여다보면 TV에 나오는 특별한 해외 생물들에 견주어도 손색이 없을 만큼 생물 하나하나의 드라마 같은 생존 전략과 풍부한 볼거리를 만날 수 있습니다.
이 책에서는 시골 마을의 대표적인 생물들을 골라, 어떻게 찾아내고 관찰해야 하는지 구체적인 방법을 소개합니다.

 ## 숲체험하러 시골에 가자!

시골의 장점은 마을 가까이에 생물이 살고 있다는 것입니다. 가까이 있으니 찾아가기도 쉽지요. 등산할 때처럼 무거운 장비가 필요하지도 않고, 유원지처럼 입장료를 내는 것도 아닙니다. 숲속에 있으면 나무가 '피톤치드'를 뿜어내 마음이 편안해지고 스트레스도 사라집니다. 계절마다 서식하는 생물도 달라 일 년 내내 다녀도 질리지 않습니다. 지적 호기심도 채우고 사물을 깊이 들여다보는 힘도 기를 수 있지요.
아무리 생각해도 장점밖에 없는 것 같네요. 이야기가 길어졌지만, 자연 속 생물을 찾아 떠나는 것은 아이와 어른 모두에게 그 자체로 즐거운 일입니다.
자, 생물을 찾아 지금 당장 떠나 볼까요!

마을 생태계

시골은 농업과 임업이 이루어지고, 여러 생물이 먹고 먹히는 관계 속에서 균형을 유지하며 살아가는 곳이기도 합니다.

생물의 먹이 사슬

먹힌다 → 먹는다

시골은 최고의 숲체험 장소

시골은 다양한 자연을 만날 수 있는 최적의 탐험 장소입니다.

시골에서 볼 수 있는 풍경

숲

졸참나무, 상수리나무, 소나무가 자라는 잡목림. 이들 나무는 장작개비나 숯을 만들기에 적합합니다. 숲 바닥에는 빛이 들어오고 제비꽃이나 용담, 난처럼 아름다운 꽃이 피어 있습니다.

논

벼농사를 짓는 곳이자 물가 생물에게 매우 중요한 환경. 개구리나 뱀, 물고기, 수생 곤충 등이 살아갑니다. 논두렁에도 풀밭을 즐겨 찾는 곤충이나 작은 풀꽃이 피어 있습니다.

연못이나 수로

논에 물을 대거나 화재를 막기 위해 물을 모아 두는 곳이지만, 물가 생물에게는 중요한 삶의 터전. 수생 식물이나 개구리, 물고기, 수생 곤충처럼 논에서와는 조금 다른 생물이 관찰됩니다.

휴경지나 경작 포기지

농사를 짓지 않거나 경작을 포기한 땅. 습지처럼 변하거나 몇 년 사이 육지로 변화되기도 합니다. 풀밭 생물은 늘지만, 물가 생물은 줄어듭니다. 제일 먼저 외래 생물이 들어오는 곳입니다.

촌락

도마뱀붙이, 박쥐, 참새, 제비 같은 생물은 시골집 주변에서 살아갑니다. 절이나 사당 근처에는 날다람쥐나 올빼미도 나타납니다.

밭이나 과수원

농산물이나 과일 나무를 뜯어 먹는 곤충이나 새 등이 살아갑니다. 하지만 모두가 인간에게 해롭기만 한 것은 아닙니다. 꽃가루를 운반하거나 해충을 잡아먹는 종류도 있습니다.

숲체험 준비물

● 준비물

시골 마을에서 숲체험을 할 때 특별한 준비물이 필요하지는 않아요. '산책이나 해 볼까!' 하고 마음만 먹으면 된답니다. 하지만 생물 서식지의 지형이 다양하고 걸어서 둘러보아야 하니 최소한의 안전 대책은 세워야겠지요.

옷차림과 준비물

● 야외 활동에 적합한 옷차림

챙이 넓은 모자
일사병을 막고, 벌레(특히 벌)한테 물리지 않도록 머리를 보호합니다. 연한 색 모자를 쓰는 게 제일 좋아요.

피부 노출이 적은 옷
옻이 옮거나 벌레에 물리지 않도록 막아 줍니다.

배낭
안전을 위해 짐은 등에 지고 양손을 쓸 수 있어야 합니다.

걷기 편한 신발
등산화가 아니라도 평소에 즐겨 신는 운동화라면 OK!

● 도움이 되는 준비물

- **음료수** : 더운 날은 일사병에 걸리지 않도록 목이 마르기 전에 물을 자주 마셔야 합니다.
- **작은 가방** : 끈이 달린 가방 또는 허리에 매는 가방이 있으면 도감이나 음료수를 꺼내기가 쉬워 편리합니다.
- **카메라** : 생물은 자연 그대로의 모습이 가장 아름답습니다. 현장에서 생물의 모습을 사진으로 찍어 두세요. 여러 각도에서 다양한 부위를 찍어 두면 나중에 이름을 조사할 때 도움이 됩니다.
- **쌍안경** : 야생 새를 관찰할 때는 8배율 쌍안경이 적합합니다.
- **관찰 용기** : 여럿이서 작은 생물을 관찰할 때는 용기에 넣어서 관찰하면 좋아요. 관찰이 끝난 다음에는 원래 있던 장소에 풀어 줍니다.
- **자연을 소중히 여기는 마음** : 동식물은 최소한만 채집하고, 그들의 삶을 방해하지 않는 범위 안에서 관찰합니다.

▲ 음료수　▲ 작은 가방　▲ 카메라　▲ 쌍안경　▲ 관찰 용기

'생물 레이더' 키우는 비결

무작정 멍하니 경치를 보아서는 생물이 보이지 않습니다. 왜냐하면 사람은 '눈'이 아닌 '뇌'로 세상을 바라보기 때문이지요.
"마음이 없으면 보아도 보이지 않고, 들어도 들리지 않는다."라는 말이 있습니다.
생물 탐색도 비슷해서 '이곳에는 생물이 있을 거야!'라고 기대하며 주변을 살펴야 흥미로운 생물을 찾을 수 있습니다. 우연에 기대지 않는 비결입니다.

생물을 잘 찾는 사람은 지식이나 경험을 총동원해 여러 가지 단서를 살펴봅니다. 절대 눈이 좋거나 귀가 밝아서가 아니랍니다.

생물 관찰을 즐기는 법
생물을 발견하면 도감에서 이름을 찾아봅니다. 채집해서 가져오거나 사진을 찍어 나중에 집에서 조사해도 좋습니다. 이름 찾기는 끝이 아니라 시작입니다. 이름을 알면 나중에 같은 생물을 봤을 때 어떻게 살고 있는지, 다른 생물과 어떤 점이 다른지 같은 그 생물만의 독특한 특징이 보입니다. 머릿속에 'ㅇㅇ종'이라는 이름표가 붙은 서랍에 점점 더 많은 정보가 쌓이는 감각입니다.
우리가 친구를 사귈 때 먼저 상대방의 이름을 외우잖아요. 생물 관찰도 비슷합니다. 평소와 다른 장소에 가도 아는 생물이 있으면 친구를 만난 듯한 기분이 들어 반갑습니다. 그리고 친구는 알면 알수록 더 좋아진답니다.

안전 관리 대책

● **발밑 주의!**

시골은 대체로 깊은 산속처럼 지형이 위험하지는 않습니다. 하지만 흔들리는 돌 위에 올라가거나 숲길을 벗어나서 걸으면 위험합니다. 넘어지거나 발을 헛디뎌 미끄러질 수 있어요. 특히 생물을 찾으며 걷다 보면 발밑에 소홀하지게 됩니다.

● **일사병에 주의!**

야외 활동에서는 특히 일사병을 주의해야 합니다. 여름에는 반드시 모자를 쓰고, 목이 마르지 않도록 물을 자주 마셔야 합니다. 두통이나 가벼운 현기증이 생기거나 앉았다 일어날 때 어지럽다면 이미 위험한 상태입니다. 이때는 바로 그늘로 이동해 물을 충분히 마시고 쉬어야 합니다.

● **위험한 생물!**

생물을 찾다 보면 위험한 생물을 만나기도 합니다. 말벌이나 살무사가 나타났다면 그만큼 자연환경이 풍요롭다는 증거이지만 공격받지 않도록 조심해야 합니다. 다음은 시골에서 만나기 쉬운 위험한 생물들과 안전 대책, 급할 때 필요한 응급 물품 몇 가지를 소개합니다.

● **응급 물품**

응급 물품을 품속에 지니고 다니면 좋습니다.

- **연고**
  스테로이드 연고는 염증을 억제하는 효과가 강하지만 부작용에 주의해야 합니다.

- **독 제거 키트**
  뱀에 물렸거나 벌에 쏘였을 때 독소를 뽑아내는 데 쓰입니다.

- **벌레 퇴치 스프레이**
  나방, 등에, 파리매, 모기 같은 벌레를 퇴치하고 거머리를 피하는 데도 쓰입니다.

▲ 연고
▲ 독 제거 키트
▲ 벌레 퇴치 스프레이

※ 곰이 출몰하는 곳, 특히 숲이 우거진 장소에 갈 때는 곰 방울을 준비하면 도움이 됩니다.

⚠️ 자연에서 만나기 쉬운 위험한 생물들 ⚠️

위험한 생물 File 01 차독나방

- 동백나무나 산다화에 붙어 서식하는 독침 털을 지닌 벌레.
- **애벌레가 특히 위험**하며, 알에서 성충에 이르는 모든 단계에 독침 털이 있다.
- **물린 곳을 문지르면 상태가 악화되므로** 조심해야 한다.
- 독침 털은 **흐르는 물에 씻거나 셀로판테이프로 떼어낸다.**

주의 독침 털은 날아다니므로 근처에 다가가면 안 된다.

위험한 생물 File 02 쐐기벌레류

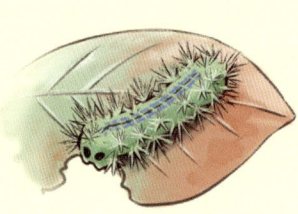

- 벚나무나 매화나무, 그 밖에 다양한 가로수나 정원수에 붙어 서식하는 독침 털을 지닌 벌레.
- 마을 근처에서 푸른 줄무늬를 지닌 쐐기벌레를 흔히 볼 수 있다.
- 만지면 **전기가 통하는 듯한 격렬한 통증이 느껴져** '전기 벌레'라고 부른다.
- 눈에 띄지 않게 잎 뒤에 붙어 있어 벌레를 건드리는 사고가 자주 발생한다. 기본적인 응급 처치는 **차독나방과 같다.**

위험한 생물 File 03 황말벌

- 시골집 근처에 벌집을 짓는 말벌 중 하나.
- 말벌 종류 중에서도 **공격성이 강한 편.**
- 독이 물에 잘 녹으므로 쏘이면 흐르는 물에 상처를 **짜내듯 씻은 다음 붓지 않도록** 냉찜질을 한다.

처마 밑이나 마루 아래 또는 벽 틈에 집을 짓는다. 몸 전체에 노란빛이 강하게 돈다.

위험한 생물 File 04 장수말벌

- **한국에서 가장 큰** 말벌.
- 벌집이 커지는 **늦여름부터 가을까지 주의**한다.
- 말벌 종류의 공격을 예방하려면 **검은 옷을 입고, 향수나 헤어 제품 사용은 피해야** 한다. 독성이 강하므로 쏘이면 **흐르는 물에 씻고 응급조치 후 반드시 병원에 가서 진찰을** 받는다.
- 땅속이나 나무 구멍에 집을 짓기 때문에 벌집인 줄 모르고 다가가거나 건드릴 수 있다.

어른 엄지만 한 크기의 일벌

※ 벌에 쏘여 급성 쇼크인 **아나필락시스가 일어났을 때는 망설이지 말고 구급차를 불러야** 한다.

위험한 생물 File 05 덩굴옻나무

잎은 3개가 한 세트로 되어 있다.
어린 나무의 잎은 톱날처럼 삐죽삐죽하다.

- 옻나무 중에서도 **특히 옻에 오르기 쉬운** 종.
- 경사면을 오르내릴 때 나무를 잡으려다가 줄기에 감겨 있는 덩굴옻나무를 미처 보지 못해 많이 건드린다.
- 덩굴옻나무를 만졌다면 **물에 잘 씻은 후 스테로이드 연고를 바른다.** 옻나무를 만진 손으로 얼굴 등 다른 신체 부위를 만지면 증상이 확대된다.

위험한 생물 File 06 살무사

옛날 동전 모양 무늬가 특징

- **대개 덤불이나 바위 그늘에 숨어 있다.**
- **매복하고 있다가 사냥하는 유형**으로 사람이 눈치채지 못한 채 접근할 때 사고가 발생한다.
- **맹독성이라 물리면 한시도 지체하지 말고 병원에** 가야 한다.

위험한 생물 File 07 참진드기류

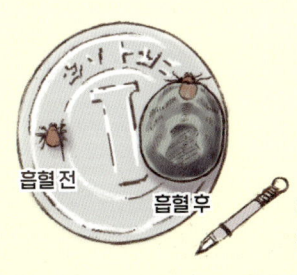

흡혈 전   흡혈 후

진드기용 핀셋
진드기를 안전하게 떼기 쉽다.

- 사슴 같은 야생 동물이 모인 장소에 많다.
- 피를 빨 때 **억지로 떼어내면** 저작기관이 피부에 남아 **감염 위험이 커진다.**
- 물리면 억지로 떼지 말고 **피부과 치료를 받는다.**

위험한 생물 File 08 애어리염낭거미

주의 둥지 안에는 암컷이 있다.

- 강가에 자라는 **억새 잎을 삼각형으로 말아 둥지**를 짓는다.
- 호기심으로 **말린 잎을 펴다가 사고를 많이 당한다.**
- 물리면 **스테로이드 연고**를 발라 염증을 막고, 심하게 부으면 냉찜질을 한다.

21

생물을 배려하는 관찰!

관찰에 열중하다 보면 사진을 찍으려고 생물에게 너무 가까이 다가가거나, 자신도 모르게 작은 풀꽃을 밟곤 합니다. 생물에게 인간은 거대하고 무서운 동물입니다. 주의하면서 관찰하도록 합니다.

● 사유지인지 파악하자!

논두렁에는 작은 풀꽃이나 곤충이 있지만, 사유지에는 허가 없이 들어가서는 안 됩니다. 보통은 바깥에서 눈으로만 관찰해야 합니다.

산속에서도 산나물이나 버섯이 많이 나는 장소가 사유지라면, 나쁜 의도가 없었다 해도 문제에 휘말릴 수 있습니다. 따라서 정비된 숲길만 걷고, 간판도 유심히 살펴야 합니다.

공원에는 비교적 자유롭게 생물을 관찰할 수 있는 장소가 많습니다. 미리 이용 규칙과 출입 구역을 확인해 둡니다.

2장
시골집 주변 생물들
밭/과수원/들판/공원

너구리

세계적인 인기 동물

얼굴
눈 주위가 **검다**.

꼬리
줄무늬가 **없다**.
(줄무늬가 있으면 라쿤!)

다리
끝부분이 **검다**.

도시에서는 배수로를 보금자리로 삼거나 이동 통로로 많이 이용한다.

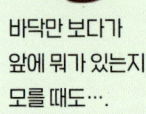
너구리는 여우만큼 사냥에 능숙하지 않다. 기본적으로 **땅바닥을 탐색하다가 뭔가 발견하면 먹는 방식**.

바닥만 보다가 앞에 뭐가 있는지 모를 때도….

생물 메모

- **분류** : 포유강 식육목 개과 · **분포** : 전국
- **크기** : 약 50~60cm(머리에서 몸통까지 길이)
- **주요 서식지** : 강변, 숲 등
- **생태** : 산지에서 도시부의 녹지까지 널리 서식한다. 다리가 짧아 사냥은 그다지 능숙하지 않지만, 잡식성이어서 아무거나 주워 먹는다.(지렁이나 작은 동물, 곤충, 나무 열매 등.)

너구리와 만나자!

- **야행성이면서 겁쟁이**라 볼 기회가 적다. 낮에는 필드 사인을 찾아보자.
- 너구리가 다니는 길에서 **똥 무더기**를 발견했다면, 무엇을 먹었는지 관찰해 보자.

필드 사인

◀ **똥 무더기**
너구리의 공중화장실 같은 곳. 나무 열매를 좋아해 똥 무더기에서 싹이 날 때도 있다. 고맙게도 식물의 씨를 날라 준다.

▲ **앞다리와 발자국**
발가락은 5개지만 엄지발가락은 땅에 닿지 않는다.(개와 구별하기 어렵다.)

▲ **고양이 발자국**
걸을 때 발톱을 숨긴다.

(사이드 탭: 집 주변 / 물가와 풀밭 / 숲과 야산 / 봄 / 여름 / 가을 / 겨울)

날다람쥐

하늘을 나는 방석

피부
날다람쥐는 **하늘을 나는 방석**, 하늘다람쥐는 하늘을 나는 **손수건**이라고 불린다. 

청설모과 동물은 긴 꼬리를 **우산처럼 사용한다.**

연골
앞다리 쪽 연골을 이용해서 **날개 막을 넓게 펼칠 수 있다.**

두껍고 긴 꼬리
날 때나 나무 위에서 **균형을 잡을 때** 도움이 된다.

생물 메모
- **분류**: 포유강 설치목 청설모과 · **분포**: 전국
- **크기**: 약 30~50cm(머리에서 몸통까지 길이)
- **주요 서식지**: 절, 잡목림, 식목림 등
- **생태**: 나무에서 나무로 미끄러지듯이 날며 이동하는 다람쥐의 사촌. 잡식성으로 나뭇잎이나 열매, 곤충 등을 먹는다. 나무 구멍을 더 크게 만들어 나무 구멍에 사는 다른 동물에게 고마운 존재.

날다람쥐와 만나자!

- 야행성이라 낮에는 거의 보이지 않지만, 있다면 필드 사인으로 알 수 있다. 나무 구멍이나 긁힌 흔적이 있는 **나무뿌리에 똥이 떨어져 있는지** 찾아보자.
- 붉은 셀로판지(동물이 놀라지 않도록)를 붙인 손전등을 비추면 **눈이 반사되어 반짝이므로** 찾기 쉽다.
- 일몰 직전이나 일출 직후 활동이 활발하다. **구루루루! 하고 큰 소리**를 낸다.

나무 구멍을 **보금자리나 새끼를 키우는 장소**로 사용한다.

필드 사인

◀ **똥**
동글동글한 모양이다.

◀ **먹은 흔적**
잎을 접어 먹기 때문에 좌우 대칭이다.

집 주변 | 물가와 풀밭 | 숲과 야산 | 봄 | 여름 | 가을 | 겨울

두더지

지하 생활 전문가!

털: 짧고 부드럽다.

눈: 매우 작아서 빛은 느낄 수 있지만 **시력은 나쁘다**.

수염: 어두운 땅속에서 **센서 역할**을 한다.

앞발: 땅을 파기에 적합한 커다란 앞발과 발톱.

농작물을 해치는 동물로 알고 있지만, **육식성이어서 채소는 먹지 않는다**. 두더지가 굴을 파 놓으면 쥐가 다니며 농작물에 피해를 준다.

생물 메모

- **분류**: 포유강 첨서목 두더지과   • **분포**: 전국
- **크기**: 약 12~15cm(머리에서 몸통까지 길이)   • **주요 서식지**: 공원, 농지, 숲 등
- **생태**: 도시에도 서식하는 친근한 포유류. 100% 육식성이어서 땅속 지렁이나 곤충을 먹는다. 굴을 파고 사는데 계절과 습도의 영향을 받아 굴 깊이가 달라지며 땅의 진동에 매우 예민하다. 털색은 윗면은 흑갈색이고 아랫면은 연갈색이다.

석산: 두더지를 퇴치하기 위해 밭두렁에 심지만 큰 효과는 없다.

두더지와 만나자!

🐾 **좀처럼 땅 위로 나오지 않지만,** 두더지 무덤으로 존재를 알 수 있다.

🐾 **큰비가 내린 후** 땅 위에서 관찰되기도 한다.

필드 사인

◀ **두더지 흙무덤**
흙을 땅 위로 밀어 올리면서 생긴 흙무더기. 영역 의식이 매우 강해서 두더지 무덤이 많이 있어도 모두 한 마리의 소행이다.

집박쥐

가까이 사는 야생 포유류

귀
반사한 **초음파를 듣기 위해** 크다.

다리
무릎 관절이 등 쪽으로 향하고 있어 게 다리 형태가 되기 쉽다.

날개 막
혈관이나 신경이 지나기 때문에 **살짝 찢어져도 다시 생긴다**. 꽁지와 다리 사이에도 날개 막이 있어 속도를 줄이거나 방향을 잡는 데 도움이 된다.

반향정위(echolocation)

작은 박쥐는 시력이 약하지만, 입에서 초음파를 내어 그것이 되돌아 오는 소리를 듣고 먹이나 장애물을 **파악**한다.

나방도 지그재그로 날거나 인분(날개에 있는 비늘 모양의 분비물)으로 초음파를 흡수하며 대항한다.

관박쥐

토끼박쥐   큰박쥐류

한국에는 **23종**의 박쥐가 있다. 얼굴 형태도 다양해서 재미있다.

생물 메모
- **분류** : 포유강 박쥐목 애기박쥐과 **분포** : 전국
- **크기** : 약 4~6cm(머리에서 몸통까지 길이) **주요 서식지** : 집 주변, 물가 등
- **생태** : 시골집 주변에서 볼 수 있는 우리와 가장 가까운 야생 포유류 중 하나. 가로등에 모이는 나방이나 물가에서 발생하는 벌레를 초음파로 찾아 잡아먹는다. 야행성이어서 낮에는 지붕 밑이나 집 틈새에서 몸을 웅크린 채 잔다.

집박쥐와 만나자!

❁ 해가 질 때 날아다니기 시작한다. 물가나 가로등 주변에서 찾기 쉽다.

찾아보자

▲ 낮에는 건축물 틈새에서 많이 잔다.

◀ 가로등 주위에 나방이 모이면 박쥐가 있을 확률이 높다.

참새

사람 근처에 머무는 새

얼굴
눈 주위와 부리, 목과 볼이 검다.

몸색
등과 날개에 **검은 무늬**가 있다.

보금자리나 둥지를 지을 때 **건축물의 틈새**를 잘 이용한다. 사람을 경계하지만, **사람 근처에서 머무는** 신기한 새. 깊은 산으로 들어가면 전혀 보이지 않는다.

추우면 깃털을 부풀린 채 꼼짝하지 않는다. **깃털을 부풀린 참새**를 보면 운이 좋다고 한다.

생물 메모

- **분류**: 조류강 참새목 참새과 **분포**: 전국
- **크기**: 약 14~15cm(전체 몸길이) **주요 서식지**: 집 주변, 농지 등
- **생태**: 잡식성으로 특히 씨앗을 좋아한다. 벼를 먹기 때문에 농작물 피해를 주지만 곤충도 먹어 도움되는 측면도 있다. 예전에는 어디서나 흔히 볼 수 있는 새였지만, 지난 수십 년 동안 수가 반으로 줄었다.

파득 파득

참새는 **모래 목욕을 좋아한다**. 작은 흙구덩이 욕조를 만들어 모래를 덮어쓴다. 기생충을 떨어뜨리는 효과가 있다.

참새와 만나자!

- 숲속에는 없다. **집과 논 주변**에서 찾아보자.
- 평소 쉽게 볼 수 있어 새를 관찰할 때 **기준으로 많이 삼는다**. 특징을 잘 배워 두면 다른 새를 구별할 때도 도움이 된다.

찾아보자

▲ 사람이 만든 여러 가지 물건에 둥지를 짓기도 하니 멀리서 관찰해 보자.

◀ 머리가 하얗게 변한 개체
수가 많아서 이렇게 변한 개체도 비교적 찾기 쉽다.

큰부리까마귀

자연계의 청소부

이마 — 살짝 튀어나왔다.

부리 — 두껍고 조금 굽었다.

까마귀는 **느끼한 맛을 좋아해서** 기름이 원료인 비누나 초를 물고 가기도 한다.

깃털 색 — 몸 전체가 검은색이 아니라 **푸른빛이 도는 보라색 광택이 살짝 난다.**

큰부리까마귀 이외에 일반 까마귀도 시골에서 흔히 볼 수 있다. 큰부리까마귀보다 강가나 농지처럼 확 트인 공간에 나타난다.

탁한 울음 소리를 낸다. / 이마는 완만하다. / 부리는 얇다.

생물 메모

- **분류** : 조류 참새목 까마귀과 **분포** : 전국
- **크기** : 약 56~57cm(전체 몸길이) **주요 서식지** : 집 주변, 농지, 나무숲 등
- **생태** : 도시부터 깊은 산속에 이르기까지 널리 서식하는 매우 친근한 새다. 부리가 두꺼워서 큰부리까마귀라는 이름이 붙었다. 잡식성이고 사체도 먹어 생태계에서는 청소부 역할을 한다.

큰부리까마귀와 만나자!

- 한가할 때는 전선에 거꾸로 매달리거나 바람을 타고 서핑하는 듯한 '놀이' 행동을 하기도 한다.
- 참매 같은 맹금류가 있으면 시비를 거는 습성이 있다. 까마귀가 소란스럽다면 주의해서 살펴보자. 맹금류가 있을지도 모른다.

▲ 사람이 만든 물건을 잘 이용한다. 옷걸이를 둥지 재료로 쓰기 위해 훔치는 일도 많다.

찾아 보자

◀ 옷걸이로 가득한 둥지
까마귀에게 튼튼하고 사용하기 편한 재료 같다.

멧비둘기

실은 아주 야무져요

울 때 **입을 거의 움직이지 않는다.** 지역에 따른 차이는 있지만, 번식 기간이 따로 없어 **일 년 내내** 암컷을 유혹하며 **지저귄다.**

목덜미에 가로 무늬가 있다.

꾸국- 포폿-

날개깃은 **비늘 모양**으로 아름답다.

집비둘기
- **분포** : 전국
- **크기** : 약 30~35cm(전체 몸길이)
- **생태** : 도시에서도 많이 볼 수 있는 친근한 새. 멧비둘기는 1~2마리씩 모여 있는 경우가 많은데, 집비둘기는 큰 무리를 짓는 경향이 있다.

생물 메모
- **분류** : 조강 비둘기목 비둘기과
- **분포** : 전국 **크기** : 약 33~35cm (전체 몸길이)
- **주요 서식지** : 공원, 숲, 풀밭, 밭 등
- **생태** : 흔히 땅을 쪼아대며 식물 열매나 씨를 찾아다닌다. 멍청해 보이지만 사실은 비둘기 젖으로 일 년 내내 번식하고 비행 실력도 매우 뛰어난 새로 듬직한 일면을 지녔다.

으으윽 / 젖 주세요 / 저도요

'비둘기 젖'은 입에서 나오며 일 년 내내 먹일 수 있다.

멧비둘기와 만나자!

* 노랫소리가 들리면 **나무 위나 전선, 지붕 위** 같은 눈에 띄는 장소를 살펴보면 찾기 쉽다.
* 땅 위로 내려오면 **'바삭바삭'** 낙엽 위를 걷거나 쪼아대는 소리를 듣고 알아차릴 수 있다.

▲ 비둘기 둥지는 엉성해서 새끼 비둘기가 둥지째 바닥으로 떨어지는 일이 자주 벌어진다.

제비

우리 집에 제비 둥지가!

수컷은 목의 붉은 부분이 넓고 선명할수록 인기가 많다고 한다.

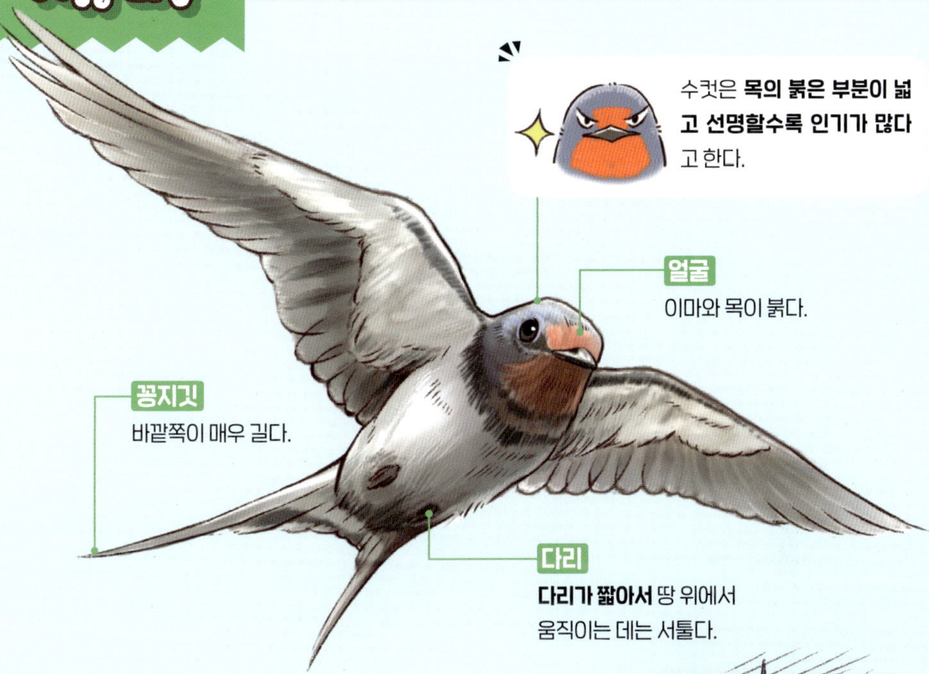

얼굴
이마와 목이 붉다.

꽁지깃
바깥쪽이 매우 길다.

다리
다리가 짧아서 땅 위에서 움직이는 데는 서툴다.

생물 메모
- **분류** : 조강 참새목 제비과   • **분포** : 전국
- **크기** : 약 17cm(전체 몸길이)   • **주요 서식지** : 집 주변, 농지 등
- **생태** : 여름 철새로 한국을 찾아와 집이나 건축물 처마 밑에 둥지를 짓는다. 가을에는 큰 무리를 이뤄 갈대밭에 보금자리를 마련한다. 겨울에는 동남아시아로 가지만, 일부는 한반도 남쪽 지역에서 겨울을 나기도 한다.

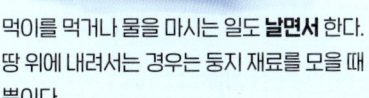

먹이를 먹거나 물을 마시는 일도 **날면서** 한다. 땅 위에 내려서는 경우는 둥지 재료를 모을 때뿐이다.

제비와 만나자!

❋ 시골에서는 봄부터 여름까지 집 주변 하늘을 날아다니는 모습을 쉽게 볼 수 있다.

❋ 모심기 전 논에서 둥지 재료인 진흙을 모으는 모습도 관찰할 수 있다. 부모 제비를 쫓다 보면 둥지를 찾기도 쉽다.

▲ **새끼를 키우는 제비**
다양한 건축물에 집을 짓는다.

▲ 둥지를 떠난 새끼에게 먹이를 줄 때도 날면서 준다.

찌르레기

두껍닫이에 세 들어 살죠

부리와 다리는 오렌지색.

수컷의 **머리가 더 검은 편**이다.

찌르르르

울음소리가 특색 있다.

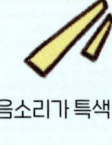

푸조나무 구멍에 둥지를 만들고, 푸조나무 열매를 즐겨 먹는다. '찌르르르' 하고 울기 때문에 **찌르레기**라는 이름이 붙었다. 도시에서는 나무 구멍 대신 건축물의 틈새에 둥지를 짓는다.

생물 메모

- **분류** : 조강 참새목 찌르레기과
- **분포** : 전국
- **크기** : 약 24cm(전체 몸길이)
- **주요 서식지** : 밭, 풀밭, 공원 등
- **생태** : 탁 트인 풀밭에서 무리를 이룬 채 땅을 쪼아대는 모습이 자주 관찰된다. 가을과 겨울에는 몇만 마리나 되는 큰 무리가 전선이나 가로수에 모여 있기도 한다.

아래 네 종류의 새는 다른 새들과 뚜렷이 구분되므로 '탐조(자연 상태의 새를 관찰하는 일)'를 막 시작한 사람들이 기억해 두면 좋다.

참새	찌르레기	비둘기	큰부리까마귀
약 14cm	약 24cm	약 33cm	약 57cm

찌르레기와 만나자!

- **'찌르르르'** 하고 **울면서 무리 지어 날아가거나** 풀밭이나 농지에서 먹이를 찾아 걸어 다니는 모습을 자주 볼 수 있다.

- **빈집의 두껍닫이**는 찌르레기가 둥지를 짓기에 딱 좋은 장소다. 둥지 재료가 보이거나 **두껍닫이에 새똥**이 묻어 있다면 찌르레기가 살고 있을 확률이 높다.

찾아보자

▶ **찌르레기**
두껍닫이에서 새끼를 키우는 찌르레기. 부리 한가득 먹이를 물고 있다.

집 주변 | 물가와 풀밭 | 숲과 야산 | 봄 | 여름 | 가을 | 겨울

넥타이 무늬가 트레이드마크

가슴의 **검은 넥타이 모양**이 특징.

우체통이나 배수구 같은 시설에도 둥지를 짓는다.

생물 메모
- **분류** : 조강 참새목 박새과
- **분포** : 전국
- **크기** : 약 15cm(전체 몸길이)
- **주요 서식지** : 숲, 공원 등
- **생태** : 우리 주변에서 흔히 볼 수 있는 작은 새이다. 자연 속에서 나무 구멍에 둥지를 짓는데, 사람을 별로 무서워하지 않아서 도시나 시골의 건축물에 둥지를 짓기도 한다.

박새는 종류가 다양하다. 아래 그림처럼 기억하면 좋다.

박새	북방쇠박새	진박새	곤줄박이
검은 넥타이	빵모자	턱받침	갈색 조끼

서식지도 서로 다르다. 북방쇠박새는 표고가 높은 곳, 진박새는 침엽수림에서 활동한다.

박새와 만나자!

- '**쓰핏**'(평소) 또는 '**주크주크**'(경계) 울면서 **바쁘게 나무 위를 돌아다닌다**.
- 겨울에는 북방쇠박새 등 다른 박새나 동박새, 오목눈이와 함께 무리를 만든다. 나뭇잎이 떨어지는 겨울에 찾기 쉽다.

◀ 박새 암컷과 수컷
왼쪽이 암컷이고 오른쪽이 수컷. 검은 넥타이 모양의 폭이 수컷은 넓고 암컷은 좁다.

휘파람새

목소리가 예쁜 노래 천재

목: 지저귈 때 한껏 부풀어 오른다.

깃털 색: 몸 쪽 윗면은 황갈색.

휘파람새로 착각하는 새

동박새
- 분류 : 동박새과
- 분포 : 전국
- 크기 : 약 12cm(전체 몸길이)
- 생태 : 흔히 휘파람새로 착각하는 새이며, 몸 윗면은 황록색이다. 휘파람새와 동백새 모두 시골에서 흔히 볼 수 있다.

휘파람새 사촌

숲새 (씨씨씨, 씨씨씨)
- 분포 : 전국
- 크기 : 약 10cm(전체 몸길이)
- 생태 : 꽁지가 짧고, 벌레 같은 소리를 낸다.

생물 메모
- 분류 : 조강 참새목 휘파람새과
- 분포 : 전국
- 크기 : 약 14~16cm(전체 몸길이)
- 주요 서식지 : 낮은 덤불, 조릿대 숲 등
- 생태 : 큰유리새, 붉은가슴울새와 더불어 아름답게 지저귀는 새로 손꼽힌다. 봄에 '호-호케쿄' 소리가 잘 들려서 봄을 떠올리기가 쉽지만, 사실은 사계절 내내 마을에 산다.

휘파람새와 만나자!

- 보통 **덤불 속에 있어 찾기 힘들지만**, 짝짓기 철에는 **조금 눈에 띄는 장소로 나와 노래한다**. 하지만 높은 곳에는 올라가지 않는 수줍음이 많은 새이다.
- 짝을 부를 때는 '**호케쿄**'(높은 소리), 위협할 때는 '**호호호케쿄**'(낮은 소리) 하고 노래한다. 새소리에도 **사투리가 있어** 깊이 들어가면 의외로 복잡하다.

비교해 보자

챳, 챳

◀ **조릿대 소리**
조릿대나 덤불 속에서 주로 내는 소리.

케쿄, 케쿄, 케쿄

◀ **골짜기 지날 때 소리**
경계할 때 내는 소리.

딱새

상냥하게 인사하는 새

♂
머리
눈 둘레와 목 주변이 검다.

- 암컷: **수컷보다 평범하다.** 전체적으로 황갈색을 띠며, 날개와 꽁지는 짙은 갈색이다.

흰 무늬
날개에 흰 무늬가 있다. 새끼는 회갈색으로 얼룩무늬가 있다.

가슴에서 배까지는 겨울에도 따뜻해 보이는 주황색.

생물 메모
- **분류**: 조강 참새목 솔딱새과
- **분포**: 전국
- **크기**: 약 14cm(전체 몸길이)
- **주요 서식지**: 집 주변, 농지, 나무가 우거진 정원 등
- **생태**: 마을의 키 작은 나무나 말뚝 위에 앉아 있는 모습을 흔히 볼 수 있다. 사람을 그다지 무서워하지 않는다. 나무 구멍, 쓰러진 나무 밑, 돌 틈, 건축물 틈에서 번식한다.

'힛힛', '캇캇'이라고 운다.

딱새와 만나자!

* '**힛힛**' 또는 '**캇캇**' 소리가 들리면 **시선 높이에서 시골집 지붕 사이를** 살펴보면 찾기 쉽다.
* 영역 안에 거울이 있으면, **거울에 비친 자신에게 싸움을 거는 모습을** 볼 수 있다.

찾아보자

▲ 영역 의식이 강하다.

꾸벅
◀ 꽁지깃을 흔들면서 인사하듯 머리를 숙이는 동작이 특징.

집 주변 | 물가와 풀밭 | 숲과 야산 | 봄 | 여름 | 가을 | 겨울

때까치

작은 새 무리의 무법자

얼굴

눈 주변이 검어 **수상해 보인다.**

부리
날카로운 고리형. 먹이를 잡거나 고기를 찢어 발기는 데 적합하다.

깃털 색
가슴에서 배까지 주황색.

♂

· 암컷: 눈 주변이 수컷처럼 진하지 않다.

꽁지
멈춰 있을 때 **천천히 빙글빙글 돌린다.** (이 동작을 보면 멀리서도 때까치라는 걸 알 수 있다.)

생물 메모
- **분류** : 조강 참새목 때까치과
- **분포** : 한국의 중·남부 이남
- **크기** : 약 14cm(전체 몸길이)
- **주요 서식지** : 집 주변, 농지, 나무가 우거진 정원 등
- **생태** : 날카로운 고리형 부리로 자기와 비슷한 크기의 작은 새나 쥐를 사냥하기도 해서 작은 맹금류라고 불린다. 다른 새들의 울음소리 흉내를 잘 낸다.

때까치의 **높은 울음소리**: 다른 새들이 짝짓지 않는 가을에 '키치 키치 키치!' 울며 영역을 선언한다.

키치 키치, 키치 키치

때까치와 만나자!

- 높은 울음소리가 들리면 **주변의 눈에 띄는 나무나 건축물 꼭대기**를 살펴보자.
- 가을에서 겨울까지는 때까치가 **나뭇가지에 꿰어 놓은 먹이**를 찾아보는 것도 재미있다. 때까치 서식지 근처에서 가시나무나 가는 철사 등을 살펴보면 찾기 쉽다.

필드 사인

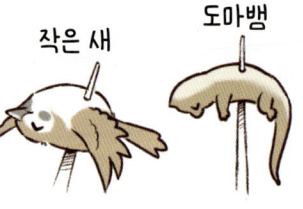
작은 새 / 도마뱀 / 곤충

◀ **다양한 먹이**
나뭇가지에 꿰어 놓은 먹이는 수컷의 짝짓기에 필요한 중요한 영양식이라는 사실이 최근 연구에서 밝혀졌다.

집 주변 | 물가와 풀밭 | 숲과 야산 | 봄 | 여름 | 가을 | 겨울

솔부엉이

곤충 분해 사건의 용의자

눈
동그랗고 노랗다.
시력이 엄청나게 좋다.

이름에 부엉이라는 말이 들어가지만, 부엉이와 달리 귀 모양 깃이 없다. 마치 **까까머리**처럼 보인다.

발가락
올빼미류는 앞발가락과 뒷발가락 모두 2개씩이다.

머리에 뿔처럼 생긴 깃털인 '귀깃'이 있는 부엉이

칡부엉이 　　소쩍새

생물 메모

- **분류** : 조강 올빼미목 올빼미과
- **분포** : 전국 　•**크기** : 약 29cm(전체 몸길이)
- **주요 서식지** : 숲, 절 주변 등
- **생태** : 올빼미류 중에서 비교적 찾기 쉬운 종이다. 나방, 장수풍뎅이, 매미 등 곤충을 주로 먹는다. 솔부엉이는 밤에만 우는데 '후-후-'하고 운다.

솔부엉이와 만나자!

❃ 숲속을 걷다 보면 나무 아래쪽에 **장수풍뎅이나 매미가 조각나 흩어져 있는 모습**을 볼 수 있다. **범인은 솔부엉이**일 확률이 매우 높다.

❃ 올빼미류는 야행성이라 **낮에는 나무 위에서 쉰다.** 만약 솔부엉이를 발견해도 **잠을 방해하지 않도록** 조심하자.

▲ 잠시 쉬고 있는 올빼미

낮에 나무 위에서 쉬고 있는 올빼미. 잠에서 깨어 이쪽을 경계하는 모습이다. 올빼미를 발견해도 잠을 방해하지 않을 만큼만 관찰하자.

필드 사인

◀ 곤충을 잘 먹지만, 단단한 껍질은 남긴다.

솔개

비행 능력이 엄청나요!

- **날개 안쪽**: 날개 안쪽에 하얀 무늬가 있다. (멀리에서도 눈에 띈다.)
- 날개 **끝이 검다**.
- **꽁지깃**: 꽁지깃을 펼쳤을 때 **삼각형 모양**. 다른 맹금류는 살짝 동그랗다.

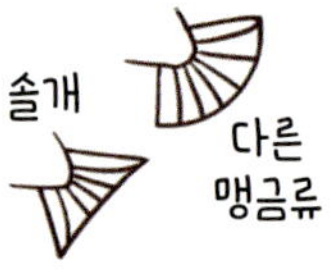

"솔개 까치집 뺏듯"이라는 속담이 있다. 실제로 일부 지역의 솔개는 사람이 키우는 **닭이나 병아리 등을 채서** 달아나기도 한다.

몸집은 크나 **얌전하다**. 까마귀가 자주 시비를 건다. (한번 붙어볼래? / 그만해,)

생물 메모

- **분류**: 조강 매목 수리과 • **분포**: 철원, 남해와 서해 섬
- **크기**: 약 59~69cm(전체 몸길이) • **주요 서식지**: 농지, 하천 부지, 숲, 항구 등
- **생태**: 전원 풍경에 잘 어울리는 매류. 매치고는 사냥에 적극적이지 않아서 주로 약한 동물이나 죽은 동물을 먹는다. 솔개는 번식기가 아닐 때 무리를 이룬다.

솔개와 만나자!

- 따뜻한 날 **시골 상공을 자주 선회**한다. '삐-효로로' 하는 울음소리가 들리면 하늘을 바라보자.
- 꽁지깃이 삼각형인지 살펴보자. 솔개를 자주 봐 두는 것이 **다른 맹금류를 잘 구분하는 첫걸음**이다.

비교해 보자

말똥가리

▶ 솔개를 구분할 수 있다면, 다음은 겨울에 저지대에서 관찰되는 말똥가리를 익혀 두면 좋다. 익숙해지면 비행 모습이나 윤곽만 보고도 맹금류를 구분할 수 있게 된다. 전문가는 자세한 무늬 특징은 거의 보지 않고 종류를 식별해낸다.

도마뱀붙이

집을 지키는 도마뱀

부리
위기에 처하면 스스로 꼬리를 자른다. (다시 자란다.)

몸색
나무껍질 같은 몸 색은 천적의 눈에 띄지 않게 하는 보호색이다. 몸 색을 바꿀 수도 있다.

발가락

발가락 뒤쪽에 작은 주름이 있어 벽에 붙을 수 있다.

눈
동공은 세로로 길쭉한 고양이 눈.

영원과 도마뱀붙이의 구별법

- 영원: 양서류, 습기가 많은 우물이나 논에 산다. 피부가 끈적끈적하고 비늘이 없다.
- 도마뱀붙이: 파충류, 집이나 집 주변에 산다. 피부가 비늘에 덮여 있다.
※ 도마뱀붙이는 집 주변에 사는 해충을 잡아먹는다.

생물 메모
- **분류**: 파충강 유린목 도마뱀붙이과
- **분포**: 남부지방, 제주도
- **크기**: 약 10~14cm(전체 몸길이)
- **주요 서식지**: 집과 그 주변
- **생태**: 시골집이나 그 주변의 나무줄기에 자주 나타난다. 발가락 뒤쪽의 주름을 이용해 벽이나 천장에 붙어 있는다. 이 구조에서 힌트를 얻어 발명한 접착테이프도 있다.

도마뱀붙이와 만나자!

- 밤에는 **조명이 있는 곳**에서 찾기 쉽다.(조명으로 다가오는 곤충을 도마뱀붙이가 노리고 모인다.)
- 낮에는 건축물이나 나무껍질 틈새에서 보인다. **특히 틈새가 많은 오래된 목조 건물에서 자주 관찰된다.**
- **나무 이름표 뒤**도 찾기 쉬운 포인트.

찾아보자

◀ 나무 이름표 뒤
나무 이름표 뒤에서 쉬고 있는 도마뱀붙이.

도마뱀

꼬리를 끊고 달아나요

꼬리를 **자기 의지대로 자르고** 달아날 수 있다.

잘린 꼬리는 **잠시 움직인다.** (적의 주의를 끌기 위한 것으로 보임.)

위기 탈출

몸 옆에 **두꺼운 줄무늬**가 있다.

아무르장지뱀
- **분류**: 장지뱀과
- **분포**: 전국
- **크기**: 약 20~25cm(전체 몸길이)
- **생태**: 시골에서 흔히 볼 수 있는 도마뱀 종류. **뱀이라는 이름이 붙었지만 사실은 도마뱀**이다. 도마뱀에 비해 **표면이 울퉁불퉁**하고 꼬리가 길다.

생물 메모
- **분류**: 파충강 유린목 도마뱀과
- **분포**: 전국
- **크기**: 약 9~13cm(전체 몸길이)
- **주요 서식지**: 숲, 공원, 풀밭 등
- **생태**: 육식성으로 땅 위를 돌아다니며 지렁이나 작은 곤충을 잡아먹는다.

도마뱀과 만나자!

- 날씨가 따뜻한 날은 돌 위에서 **햇볕을 쬐고 있는 모습**이 흔히 보인다.
- 나무가 우거진 정원에서 낙엽 위로 '**사각사각**' 걸어가는 소리를 듣고 알아채는 수가 많다.
- 돌담 틈도 자주 나타나는 곳이다. **경계심이 강해** 가까이 가면 바로 도망간다.

찾아보자

▲ **도마뱀**
돌담에 숨어 있는 어른 도마뱀.

▲ **꼬리가 잘린 도마뱀**
꼬리는 다시 자란다.

두꺼비

귀샘에서 독이 나와요

귀샘
눈 뒤쪽의 귀샘(독샘)에서 독이 든 하얀 액체가 나온다. 만약 두꺼비를 만졌다면 손을 깨끗이 씻자.

수컷은 울음주머니가 없어서 큰 소리로 울지 않는다.

발가락
청개구리 같은 흡반은 없다. 흡반이란 물체에 달라붙기 위한 기관이다.

두꺼비 새끼
청개구리 새끼

- 새끼: 다 자란 두꺼비와 달리 땅에 올라온 직후의 크기가 1cm 정도로 다른 개구리 새끼보다 작다. 몸 색은 거무스름하다. 처음에는 진드기를 먹고 자란다.

생물 메모
- **분류**: 양서강 무미목 두꺼비과
- **분포**: 전국 • **크기**: 약 15cm(전체 몸길이)
- **주요 서식지**: 논, 연못, 풀밭 등
- **생태**: 건조한 환경에서도 잘 지내고 시가지에서도 잘 산다. 개구리처럼 크게 울거나 자주 뛰어오르지 않는다.

이른 봄밤에 물가에 나타나는데, 수컷 여러 마리가 암컷 한 마리를 두고 싸우는 '두꺼비 결투'가 벌어지기도 한다.

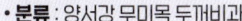

두꺼비와 만나자!

- 어른 두꺼비는 평소에 별로 활발하게 움직이지 않지만, 비가 내린 후에는 활발해져서 찾기 쉽다.
- 2~3월 즈음 물가에서 두꺼비 알을 볼 수 있다. '두꺼비 결투'는 주로 밤에 벌어져 관찰할 기회가 적다.

▲ **도로 위 두꺼비**
도시의 도로에서도 관찰된다.

찾아보자

◀ **두꺼비 알**
이른 봄(2~3월 즈음)에 물가에 나타나서 길게 알을 낳는다.

배추흰나비

배추밭에 자주 나타나요

날개 전체가 하얗고 검은 점이 있다. 암컷의 날개에는 노란색이 섞여 있다.

알 　 애벌레

생물 메모

- **분류** : 곤충강 나비목 흰나비과
- **분포** : 전국 **크기** : 약 2~3cm(앞날개 길이)
- **생태** : 밭 주변에 자주 나타나는 흰나비의 한 종류. 애벌레는 유채나 양배추 같은 배추과 식물을 먹으며 자란다.

큰줄흰나비

- **분포** : 전국
- **크기** : 약 2~3cm(앞날개 길이)
- **생태** : 배추흰나비처럼 배추과 식물을 먹지만, 밭의 채소가 아닌 **야생의 배추과 식물**을 즐겨 먹는다.

배추흰나비보다 야생에서 잘 관찰된다.

배추흰나비와 만나자!

- **배추과 농작물이 있는 곳**에 자주 나타난다. 날아다니는 배추흰나비 대다수는 암컷을 찾고 있는 수컷이다.
- 잎을 잘 살펴보면 알이나 애벌레를 쉽게 찾을 수 있다. 채집해서 집으로 가져와 다 자랄 때까지 키워도 재미있다.

▲ 애벌레
양배추밭에서 애벌레를 쉽게 찾을 수 있다.

양배추　　무　　배추

특히 좋아한다.

▲ 애벌레는 배추과에 속하는 다양한 채소를 먹는다.

집 주변 | 물가와 풀밭 | 숲과 야산 | 봄 | 여름 | 가을 | 겨울

찾아보자

호랑나비

새똥처럼 위장을!

다양한 꽃에 앉는다. 진달래류는 좋아하는 꽃 중 하나.

생물 메모
- **분류**: 곤충강 나비목 호랑나비과
- **분포**: 전국 **크기**: 약 4~6cm(앞날개 길이)
- **주요 서식지**: 풀밭, 공원, 과수원 등
- **생태**: 애벌레는 귤과 식물을 먹어 정원이나 과수원 같은 우리 주변에서 흔히 볼 수 있다. 햇볕이 좋으면 꽃이나 짝을 찾기 위해 여기저기 날아다닌다.

호랑나비의 사촌들

남방제비나비
호랑나비보다 숲속처럼 **어두운 환경**을 좋아한다. 색이 검어서 어두운 곳을 좋아하는지, 어두운 곳을 좋아해서 색이 검은 것인지…?

산호랑나비
형태는 호랑나비를 닮았지만, 애벌레는 **당근이나 파슬리 같은 미나리과 식물**을 먹는다.

청띠제비나비
날개가 삼각형에 가깝고 매우 빠르게 난다. 날아다닐 때 잡는 것은 거의 불가능하다. **녹나무를 먹고**, 마을에도 잘 나타난다.

호랑나비와 만나자!

- 애벌레나 번데기는 **귤과 나무**(귤나무, 유자나무, 초피나무 등)를 살펴보면 찾을 수 있다.
- 어른 나비는 풀밭이나 나무가 우거진 정원처럼 **밝은 장소**에서 날아다니게 **꽃의 꿀을 빨고 있다**.

귤과 나무 예시 곤충을 잘 기억하려면 식물도 잘 알아야 한다.

찾아보자

초피나무 잎

여름 귤

▲ **1령(약령) 애벌레와 5령 애벌레**
1령(약령) 애벌레는 새똥처럼 보이도록 의태한다. 5령 애벌레가 되면 녹색 애벌레처럼 변한다.

나비 애벌레를 키워보자!

나비 애벌레를 찾아서 키우면 무척 재미있습니다. 잎을 오물오물 먹는 모습은 아무리 봐도 질리지 않거든요. 애벌레 키우기는 잎만 준비하면 간단합니다.

※ 나비 유충이나 번데기는 자연계에서 다른 동물의 중요한 '먹이'입니다. 조금만 채집해 오기로 해요.

먹이 잎
먹이는 나비 종류별로 달라집니다. 야외 발견 당시 먹었던 잎 종류를 가장 잘 먹습니다.

⚠️ **주의점** ⚠️
- 먹이가 되는 잎은 되도록 미리 보충한다.
- 용기는 밝은 곳에 둔다.(어두운 곳에 두면 빨리 번데기가 되어 버린다.)

많이 움직이지 않는 1령(약령) 애벌레일 때는 이렇게 키울 수도 있습니다. 먹이를 먹는 모습을 관찰하기 좋아요. 하지만 어디론가 사라질 수도 있으니 조심해야 합니다.

5~6령(종령) 애벌레가 되면 번데기를 만드는 데 필요한 줄기를 넣어 줍니다.
호랑나비 번데기가 나비가 되는 모습은 2~3주가 지난 후 이른 아침 6~8시 정도에 잘 볼 수 있습니다. 무사히 어른 나비가 되었다면 아무 곳에나 풀어 주지 말고, 원래 있던 장소에 데려다줍니다.

나비 애벌레의 얼굴

| 푸른큰수리팔랑나비 | 먹그림나비 | 부처나비 | 흑백알락나비 |

잘 보면 귀여운 얼굴이나 웃긴 얼굴이 많아요.

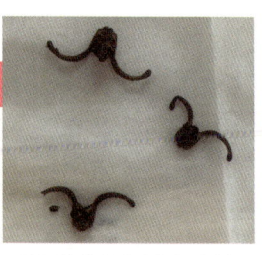

▲ 먹그림나비 애벌레가 탈피하고 남긴 껍질. 피에로 얼굴.(이렇게 얼굴만 남음.)

무당벌레

개성이 넘쳐요

흔히 관찰되는 종류
검은색 바탕에
2개의 붉은 무늬.

애벌레와 어른벌레 모두 육식성으로 진딧물을 주로 먹는다.

애벌레는 마치 괴물 같은 모습.

완전히 다른 종처럼 무늬가 매우 다양하다.

열점박이무당벌레 애벌레
- 분포 : 전국
- 크기 : 약 6~9mm(전체 몸길이)
- 생태 : 보기에는 징그럽지만 만져도 아프지 않다.

이십팔점박이무당벌레
- 분포 : 남부 지방
- 크기 : 약 6mm(전체 몸길이)
- 생태 : 초식성으로 감자나 가지 잎에 붙는다. 초식 무당벌레도 많다.

생물 메모
- **분류** : 곤충강 딱정벌레목 무당벌레과
- **분포** : 전국 **크기** : 약 5~8mm(전체 몸길이)
- **주요 서식지** : 풀 위, 나무줄기 등
- **생태** : 애벌레와 어른벌레 모두 진딧물을 먹는다. 겨울은 어른벌레 상태로 난다.

무당벌레와 만나자!

- 풀꽃 잎 위나 줄기를 살펴보자. 특히 **진딧물이 있는 부분을** 살펴보면 찾기 쉽다.
- 많은 무당벌레가 **어른벌레 상태로 겨울을 난다.** 무당벌레는 때때로 **바위나 나무껍질 틈새**에 수백 마리 단위로 빽빽하게 모여 있다.

찾아보자

◀ 나무줄기나 건축물 벽면에서 무당벌레류의 번데기가 자주 보인다.

◀ 나무껍질은 나무를 배려하여 조금만 벗겨낸다.

개미귀신

개미의 천적, 그 정체는?

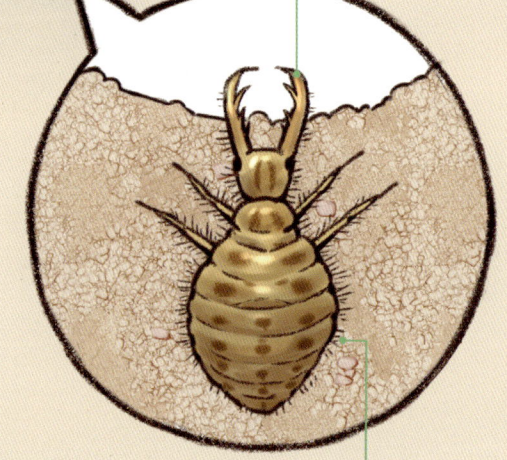

집게(큰 턱)가 톱니처럼 들쭉날쭉해서 한번 잡으면 놓지 않는다.

둥지 안쪽
둥지 안쪽은 얇은 모래로 되어 있어 발을 디딜 때 모래도 같이 밀린다. 한 번 빠진 곤충은 헤어나오기 힘들다.

감각모
몸에 감각모가 가득 나 있어 아주 약한 진동도 알아차릴 수 있다.

개미귀신의 정체는 바로 명주잠자릿과 애벌레!
먹이를 많이 먹어 영양을 축적하면 누에가 되었다가 허물을 벗고 잠자리가 되어 날아간다.

생물 메모
- **분류**: 곤충강 풀잠자리목 명주잠자릿과 **분포**: 전국
- **크기**: 약 3~5cm(우화 이후) **주요 서식지**: 풀 위, 나무줄기 등(우화 이후)
- **생태**: 모래땅에 절구 모양의 둥지 구멍을 파 놓고 그곳에 빠진 곤충을 잡아먹는다. 먹이의 약 60%가 개미다. 둥지 안쪽이 모래라서 발을 디딜 때 모래도 같이 밀리기 때문에 한번 빠지면 헤어나지 못해 '개미지옥'이라고 부른다.

개미귀신과 만나자!

- **'비에 젖지 않은'** 마른 모래땅을 찾아보자. **사당 마루 밑**은 포인트 중 하나.
- **종이컵이나 플라스틱 용기에도 사육할 수 있다.** 먹이를 주는 일이 힘들지만, 어떻게 둥지 구멍을 만드는지, 어떻게 어른벌레가 되는지 관찰하는 과정도 재미있다.

찾아보자

▲ **둥지 구멍**
구멍 2개가 나란한 개미지옥.

3장
물가와 풀밭 생물들
논/강/연못/풀밭

너구리는 여우처럼 사냥을 잘하지 못해요.

유혈목이

어부지리

멧밭쥐

풀 위에 사는 작은 쥐

풀을 세로로 찢어서 엮는다.

긴 꼬리는 몸을 지탱하는 데 이용한다.

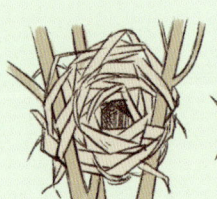

집쥐
머리에서 몸통까지 길이 약 22~26cm

멧밭쥐
머리에서 몸통까지 길이 약 6cm

학명은 '아주 작은 쥐'라는 의미이다.
한국 쥐 중 제일 작은 쥐.

생물 메모

- **분류** : 포유강 설치목 쥐과 **분포** : 전국
- **크기** : 약 6cm(머리에서 몸통까지 길이)
- **주요 서식지** : 억새나 물억새 덤불
- **생태** : 풀 위에 공 모양의 둥지를 짓는 작은 쥐로 세계적으로도 희귀하다. 잡식성으로 벼과 식물의 씨앗이나 곤충을 먹는다. 겨울에는 땅 가까이에 둥지를 만들거나 다른 쥐가 파 놓은 구멍을 이용하기도 한다.

지름이 약 20cm인 휘파람새 둥지.

지름이 약 10cm인 멧밭쥐 둥지.

새는 풀을 '걸쳐' 둥지를 만들지만 멧밭쥐는 풀을 찢어서 '엮는다'.

멧밭쥐와 만나자!

- 갈대, 물억새, 억새가 자라는 넓은 면적의 풀밭에서 둥지를 찾기 쉽다.
- 봄에서 여름에 걸쳐 새끼를 키우니 **둥지를 찾더라도 손대지 말자.**

▶ **멧밭쥐가 떠난 둥지**
겨울에는 둥지가 비어 있으므로 다가가 관찰해도 좋다.

필드 사인

황로

트랙터를 따라다녀요

여름 깃
번식기에는 머리, 가슴, 등의 깃이 **오렌지색**으로 변한다.

목
다른 백로류보다 **목이 굵고 짧다.**

덜컹덜컹

트랙터 뒤를 따라다니는 황로 무리. 날아오르는 곤충이나 작은 동물을 노린다.

생물 메모
- **분류** : 조강 황새목 백로과
- **분포** : 전국
- **크기** : 약 50cm(전체 길이)
- **주요 서식지** : 논이나 풀밭 등
- **생태** : 백로류 중에서도 목장이나 논, 풀밭 등의 자연환경에서 자주 관찰된다. 개구리, 도마뱀, 뱀, 곤충 등 시골 마을에 서식하는 동물을 주로 먹는다. 여름 철새지만 따뜻한 곳에서는 겨울을 나기도 한다.

다리
다리도 다른 백로류에 비해 **짧다.**

황로와 만나자!

🐾 황로는 논에서 자주 보인다. 쇠백로나 대백로와는 달리 **물이 흐르는 강에서는 거의 볼 수 없다.**

비교해 보자

황로 | 쇠백로 | 중백로 | 대백로

◀ **백로류의 겨울나기**
황로는 여름에는 화려하지만 겨울에는 몸 전체가 흰색으로 변해 다른 백로류와 구별하기 힘들다.

논병아리

새끼를 업어 키우는 물새

여름깃: 뺨에서 목까지 붉다.

새끼: 어릴 때는 주로 어미 등에 업힌다. (다른 물새에서도 관찰되는 행동.)

눈: 항상 놀란 듯한 동공.

갈대나 수면 위로 늘어진 나뭇가지 사이에 물에 뜨는 둥지를 짓는다.

겨울 깃: 전체적으로 수수한 색으로 변한다.

생물 메모

- **분류**: 조강 논병아리목 논병아리과
- **분포**: 전국
- **크기**: 약 25cm(전체 길이)
- **주요 서식지**: 호수나 연못 등
- **생태**: 물이 별로 흐르지 않는 호수나 연못에서 볼 수 있는 물새. 텃새이자 겨울 철새. 잠수해서 물고기와 새우 등을 잡아먹는다.

발: 물갈퀴처럼 되어 있다. **판족**이라고 부른다.

논병아리와 만나자!

- 몸집은 작지만 '**큐루루루루**' 하고 큰 소리로 운다. 소리가 날 때 물 위를 살펴보면 찾을 수 있다.
- 가끔 **다리를 크게 뒤로 뻗는 동작**을 하는데, 이때 '판족'이 보이기도 한다.

판족

▶ 새끼 새

물총새

탐조 세계의 아이돌

부리
부리가 길고 가늘어 **물속 저항이 적다.**

등
등에서 꼬리까지가 특히 아름다운 **코발트블루** 색깔.
※ 특수한 구조의 깃털이 빛나는 광채의 비밀.('구조색'이라고 한다.)

꼬리가 짧다.

다리도 짧다.

먹이 포착
멈춘 상태에서 물속으로 들어가지 않고, 그 자리에서 정지 비행을 하다가 물속으로 뛰어든다.

수컷은 **암컷에게 먹이를 선물**하면서 프러포즈한다.('구애급이'라고 한다.)

툭툭
잡은 먹이는 **여러 번 바닥에 내리쳐** 기운을 빼 먹기 편하게 만든다.

생물 메모

- **분류** : 조강 파랑새목 물총새과   • **분포** : 전국
- **크기** : 약 16~20cm(전체 길이)   • **주요 서식지** : 강이나 연못 등
- **생태** : 물속에 들어가 갑각류나 작은 물고기를 잡지만, 잠자리 같은 곤충을 잡을 때도 있다. 아름다운 강에 어울리는 이미지이지만, 최근에는 시골뿐만 아니라 도시의 도랑에서도 볼 수 있다.

물총새와 만나자!

❀ '치~' 또는 '치치치' 하는 울음소리가 들릴 때, 물 바로 위쪽을 살펴보면 비행하는 모습을 볼 수 있다.

❀ 물총새가 먹이를 낚아채기 쉽도록 물가에 가지가 뻗어 있는 환경이 포인트.

찾아보자

▼ 머리 굵기
다리가 짧다.

▼ 먹이를 내리치는 모습.

종다리

넓은 하늘이 라이브 공연 무대

가슴
가슴에 세로 줄무늬가 있다.

빳빳
지저귈 때는 **머리 깃을 잘 세운다**.

배
아래쪽은 희다.

생물 메모

- **분류**: 조강 참새목 종다리과 • **분포**: 전국
- **크기**: 약 17cm(전체 길이)
- **주요 서식지**: 농지나 풀밭 등
- **생태**: 농지, 풀밭, 강 주변처럼 탁 트인 환경에서 서식한다. 옛 이름은 높이 날아 울어대는 새라는 뜻을 지닌 '노고지리'다. 날 때뿐만 아니라 높이 떠서 정지 비행하며 지저귈 때도 많다.

풀밭 바닥에 둥지를 짓기 때문에 외부 적에게 민감하다. 둥지에 적이 접근하면 **다친 듯한 '눈속임 행동'**을 하며 적의 신경을 딴 데로 돌린다.

종다리와 만나자!

- 높은 하늘에서 **빠르게 지저귀는 소리**가 들린다면 종다리일 확률이 높다.
- 콩알로 보일 만큼 높은 하늘에서 주로 울어대므로 잘 찾아보자.

찾아보자

추리추 피추   추피추
▲ 하늘 높이 날아올라 지저귄다.

▲ 종다리 둥지
둥지는 풀밭에 짓는다. 둥지를 발견해도 손대지 말고 가만히 두자.

꿩

수컷은 '장끼', 암컷은 '까투리'

머리깃
귀 모양의 깃털이 있다.

피부
얼굴의 **빨간 피부**가 눈에 띈다.

빠른 날갯짓
꿩과 새는 디스플레이(구애나 위협할 때 하는 행동)로 날개를 빠르게 퍼덕이는 소리를 낸다. 드러밍(drumming)의 한 종류.

꽁지깃
매우 길다.

생물 메모

- 분류: 조강 닭목 꿩과
- 분포: 전국
- 크기: 수컷 약 80cm(전체 길이), 암컷 약 60cm(전체 길이)
- 주요 서식지: 풀밭, 농지 등
- 생태: 땅 위를 걸어 다니며 풀씨나 열매, 곤충 등을 먹는다. 수컷은 번식기가 되면 아름다운 날개를 퍼덕이며 암컷을 유혹한다.

암컷은 수컷에 비해 수수하다.

큰 덩치와 달리 **매우 빨리 달린다**. 하지만 잘 날지는 못한다.

빠르다! 피융

꿩과 만나자!

✿ 봄에 '**꿩~ 꿩~**' 하며 자주 울고, '드르르륵' 하고 날개를 퍼덕여 소리로 알아채기 쉽다.

✿ 가끔은 논길이나 숲길을 지나가는 모습도 볼 수 있다.

비교해 보자

시골에서 볼 수 있는 다른 꿩과의 새

◀ **메추라기**
보통 덤불에 숨어 있으며, 위험할 경우 짧은 거리를 빠르게 일직선으로 난다. 흰 눈썹 선이 목 뒤까지 이어진다.

왕새매
봄가을에 지나가는 나그네새

• 암컷: 일반적으로 암컷의 눈썹 선은 희고 뚜렷하다.

늠름한 눈썹이 멋진 암컷.

수컷의 머리는 잿빛이 강하게 돌고, 눈썹 선이 없거나 희미하다.

목 한 줄의 검은 선이 나 있다.

생물 메모
- **분류**: 조강 매목 수리과
- **분포**: 서해안과 남해안
- **크기**: 약 41~51cm(전체 길이)
- **주요 서식지**: 논 주변이나 숲 등
- **생태**: 주로 봄과 가을에 한국을 지나가는 나그네새로 큰 무리를 이루어 이동한다. 드물게 한국에서도 일부가 번식하기도 한다. 개구리, 뱀, 곤충 등 시골에 사는 동물을 잘 먹는다.

매는 여러 동물을 먹지만, 종류에 따라 즐겨 먹는 먹이가 다르다.

참매 새파

말똥가리 쥐파

왕새 개구리파

왕새매와 만나자!

🐾 왕새매가 '핏쿠이~' 하고 특징적으로 울 때 높은 하늘을 살펴보면 발견하기 쉽다. 봄부터 여름까지 논 주변이나 키큰 나무, 전신주 등에서 먹이를 찾고 있을 때가 많다.

🐾 시골 환경이 변하면서 개체수가 많이 줄어들어 지금은 관심 대상종에 속한다.

◀ 왕새매가 새끼를 키우기에 가장 적합한 환경은 왼쪽 그림과 같은 골짜기 논이다.

▲ 논 옆 전신주에 내려앉은 왕새매

남생이

외래 생물 수보다 적은 재래 생물

등딱지
갈색의 딱딱한 등딱지는 가장자리가 매끄럽다.

바둥바둥

생물 메모
- **분류** : 파충강 거북목 늪거북과
- **분포** : 전국
- **크기** : 약 20~25cm(등딱지 길이)
- **주요 서식지** : 강, 연못, 풀밭 등
- **생태** : 잡식성으로 나무 열매나 곤충, 어류, 개구리, 새우류, 조개류 등 다양한 생물을 먹는다. 물가에 있는 이미지이지만 의외로 육지를 돌아다니며 먹이를 찾는다. 겨울에는 낙엽 아래나 연못 바닥 등에서 겨울잠을 잔다.

※ 남생이는 다른 종과도 교배를 하기 때문에 분류학적 혼동을 일으키기도 한다.

비슷한 종류의 거북으로는 외래 생물인 붉은귀거북과 일본돌거북이 있다.

붉은귀거북
- **분류** : 늪거북과
- **분포** : 전국
- **크기** : 최대 30cm 정도(등딱지 길이)
- **생태** : 얼굴 옆에 붉은 무늬가 있다.(이름의 유래)

일본돌거북
- **분포** : 일본 전국
- **크기** : 16~18cm 정도 (등딱지 길이)
- **생태** : 개울가, 저수지, 초지 등에서 산다.

쿨쿨쿨...

육지 거북 이외의 자연계에 서식하는 거북류는 물속에서 겨울잠을 잔다. 파충류이기 때문에 평소에는 주로 폐 호흡을 하지만, 겨울잠을 잘 때는 가만히 있으면서 에너지 소비를 줄이고 피부 호흡을 통해 물속 공기를 이용한다.

남생이와 만나자!

- 날씨가 좋은 날에는 물가에 가만히 머물면서 일광욕(등딱지 말리기)을 할 때가 많다.
- 머리만 빼내 물속에 떠 있는 모습도 간혹 발견할 수 있다.

비교해 보자

▶ **붉은귀거북**
한국에서 흔히 볼 수 있는 거북이는 외래 생물인 붉은귀거북이다. 재래 생물인 남생이와 자라를 볼 수 있는 기회는 많지 않다.

구렁이

한국에서 가장 큰 뱀

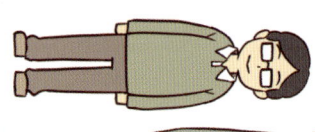

성인 남성 평균 키인 170cm 정도. **한국에서 가장 큰 뱀**으로 아주 큰 것은 2m 가까이 된다.

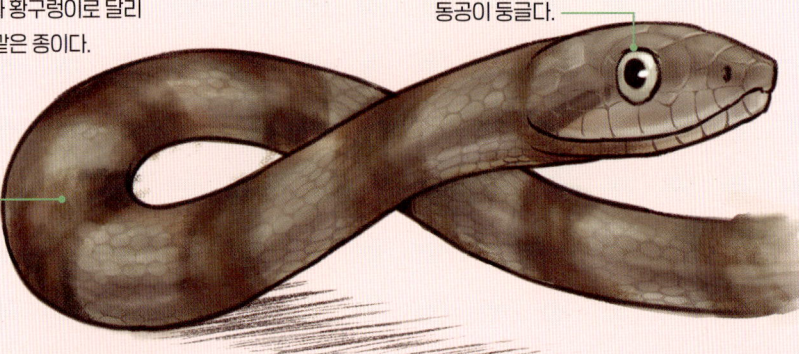

몸 색깔 변이가 심해서 먹구렁이와 황구렁이로 달리 부르지만 같은 종이다.

동공이 둥글다.

나무 타기에 능숙해서 새알이나 새끼 새를 잘 잡아먹는다.

새끼 구렁이는 무늬가 있어 살무사로 혼동할 수 있다.

아닌데...
살무사다!
조심해

애들아, 밥 먹자
앗

생물 메모

- **분류** : 파충강 유린목 뱀과   • **분포** : 전국
- **크기** : 약 100~200cm(전체 길이)   • **주요 서식지** : 농지, 풀밭, 나무가 우거진 정원 등
- **생태** : 예전에는 집 주변이나 농지 등에서 흔히 볼 수 있었으나 현재는 멸종 위기 2급 생물이다. 먹이는 쥐, 개구리 이외에도 나무를 잘 타서 새알이나 새끼 새를 잡아먹는다. 몸은 크지만 얌전하고 독이 없다.

구렁이와 만나자!

- 파충류라서 아무래도 날씨가 좋은 따뜻한 날 보기 쉽다. 쥐를 잘 먹기 때문에 집 주변에 나타날 확률도 높다.
- 뱀류는 뱀을 찾을 때보다 다른 생물을 찾다가 우연히 발견하는 경우가 많다.
- 경계심이 심해서 가까이 다가가면 바로 덤불 속으로 도망친다. 조금 떨어진 곳에서 관찰하자.

필드 사인

▶ **뱀 허물**
시골길을 걷다 보면 뱀의 허물이 발견되기도 한다. 탈피한 허물을 발견했다면 어떤 종류인지 조사해 보자.

유혈목이

독사지만 무섭지는 않아!

목
어금니는 물론 **목에서도 독을 분비한다.**

전형적인 색: **빨간색과 검은색 얼룩무늬**가 있다. 몸 색깔은 지역 차가 있다.

살무사 독

유혈목이 독

유혈목이는 **개구리를 잘 먹는다.** 개구리는 **배를 부풀려** 필사적으로 저항한다.

생물 메모

- **분류**: 파충강 유린목 뱀과 **분포**: 전국
- **크기**: 약 60~120cm(전체 길이) **주요 서식지**: 논이나 습지 등의 물가
- **생태**: 개구리를 특히 좋아해서 물가 주변에 자주 나타난다. 수영도 잘한다. 포식자이면서 왕새매나 말똥가리 같은 맹금류의 주요한 먹이이기도 하다. 독을 어금니와 목 주변 두 곳에서 분비한다.

유혈목이와 만나자!

논 주변에 잘 나타난다. 날씨가 좋은 날은 논둑이나 논길에서 햇볕을 쬐기도 한다. 독사지만 매우 얌전해서 맨손으로 만지지 않으면 안전하다. 살무사와 달리 물려도 한순간에 독이 퍼지지는 않지만, 사망한 사례가 있으므로 맨손으로 포획하는 것은 피해야 한다.

▲ **청색 유혈목이**
지역에 따라 청색이나 올리브색, 검은색 개체도 존재한다.

붉은배영원

붉은 배는 경고등

수심이 깊은 연못에서 숨을 쉬려고 올라오는 모습을 볼 수 있다.

긴 꼬리
지느러미처럼 납작해 헤엄칠 때 도움이 된다.

붉은 배
이름처럼 배가 붉다. 적을 위협하는 색이다.

덥석 / 우리 이웃이잖아!
육식성이라 움직이는 생물은 무엇이든 잡아먹는다. 같은 곳에 사는 생물도 잘 먹는다.

어릴 때는 겉아가미가 있다.

생물 메모
- **분류** : 양서강 유미목 도롱뇽과 · **분포** : 일본 혼슈, 시코쿠, 규슈 · **크기** : 약 10cm(전체 길이)
- **주요 서식지** : 논이나 연못 등
- **생태** : 주위가 숲으로 둘러싸인 논이나 연못에서 볼 수 있는 양서류.

기타 유미목 도롱뇽

겉모습은 영원과 닮았다. (배는 붉지 않다.)

바나나형의 알 주머니 도롱뇽 종류는 알 주머니가 특징이다.

붉은배영원과 만나자!

- 탁 트인 논보다 나무로 둘러싸인 물가에 더 많이 나타난다.
- 아주 적은 양이지만 피부에 독이 있으므로 만졌다면 손을 깨끗이 씻도록 하자.
- 애완용으로 키우는 경우가 있는데, 외래 생물이므로 자연에 함부로 풀어 주면 안 된다.

찾아보자

▲ 영원
논에 있는 영원을 위에서 본 모습. 등은 수수해서 구별하기 어렵다.

북방산개구리 숲속에 살아요

전체적으로 어두운 갈색.

수컷은 목에서 배까지 하얗고 무늬가 거의 없다.

목에서 배까지 얼룩무늬가 있다.

한국산개구리
- 분포 : 전국
- 크기 : 약 2~2.5cm (전체 길이)

아직 추운 2~3월경에 논처럼 물을 담아둔 웅덩이로 내려와 알을 낳는다.

생물 메모
- **분류** : 양서강 무미목 산개구리과
- **분포** : 전국
- **크기** : 약 5~8.5cm(전체 길이)
- **주요 서식지** : 논이나 잡목림 등
- **생태** : 아직 날이 추워 물이 얼어붙을 2~3월경에 물웅덩이로 내려와 알을 낳는다. 빠른 곳에서는 2월부터 시작한다. 번식기 이외에는 기본적으로 숲속에서 산다.

알을 낳고 나면 다시 잠을 자기 위해 산으로 돌아간다.

북방산개구리와 만나자!

- 이른 봄 물이 있는 논에 가면 알 주머니(알 덩어리)를 찾을 수 있다.
- 다 자란 어른 북방산개구리는 숲에 살아서 볼 수 있는 기회가 적다.
- 한국산개구리는 **번식기가 아니어도 논 주변에 살아** 볼 기회가 많다.

▲ 알 주머니

생물이 아직 움츠린 이른 봄에 알 주머니를 여기저기에서 볼 수 있다.

참개구리

다부진 체격과 당당한 자세

등에 중앙선 1개와 양쪽에 2개의 융기선까지 총 3개의 선이 있다.

등의 검은 무늬 일부가 연결되어 있다.

참개구리는 사는 곳에 따라 몸 색깔이 달리 나타난다.

수컷의 몸 색은 녹색에서 갈색까지 다양하고, 암컷은 회갈색이다.

개굴개굴

암컷은 좌우 울음주머니를 부풀리며 운다.

생김새가 닮은 개구리 **일본의 달마개구리**

참개구리와 매우 닮았다. 등의 검은색 무늬는 연결되지 않고 독립되어 있다. 달마개구리류는 참개구리보다 체형이 땅딸막하다.

생물 메모

- **분류**: 양서강 무미목 개구리과 · **분포**: 전국
- **크기**: 약 4~9cm(전체 길이), 암컷이 더 크다.
- **주요 서식지**: 논이나 연못 등
- **생태**: 논개구리로 유명하다. 메뚜기나 지렁이, 논에 사는 해충들을 잡아먹는다. 최근 들어 시골의 자연환경이 변화하면서 개체수가 많이 감소하는 추세이다.

참개구리와 만나자!

- 논을 별로 벗어나지 않아 **겨울잠을 잘 때 외에는 논에서 볼 수 있다.**
- 경계심이 많아 바로 논으로 뛰어들며 도망치므로 **잠자리채로 잡거나 조금 멀리 떨어져서 관찰하면 좋다.**

청개구리

사실은 피부에 독이 있어요

팔과 다리에 흡반이 있다.

몸색
주변 환경에 따라 변한다.

비가 오면 모여서 크게 운다.

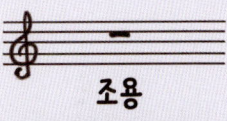
조용

서로 소리가 **겹치지 않게** 울고, 쉴 때는 일제히 멈춘다는 연구 결과가 최근에 밝혀졌다.

생물 메모
- **분류** : 양서강 무미목 산개구리과
- **분포** : 전국
- **크기** : 약 2~4.5cm(전체 길이)
- **주요 서식지** : 논이나 연못, 풀밭 등
- **생태** : 논이나 얕은 물가에서 자주 보인다. 해충을 잡아먹는 고마운 존재이다. 흡반이 발달해 시골집 벽면이나 유리창에 붙어 있기도 한다.

주로 습기가 많은 환경에 살다 보니 **세균으로부터 몸을 보호하기 위해 아주 적은 양이지만 독을 지니고 있다.**

청개구리와 만나자!

❋ **논이나 얕은 물가**를 찾아보자. 깊은 연못에는 별로 없다.

❋ **약한 독이 있으니** 만졌다면 **손을 씻도록 하자.**

❋ 밤에는 벌레를 잡기 위해 **밝은 등 근처로 모인다.**

찾아 보자

잘 숨는 청개구리 ▶
낮에는 틈새에 몸을 숨긴다.

▲ 틈새에 숨은 청개구리

▲ **자동판매기의 청개구리**
자동판매기 불빛에 이끌려 찾아온다.

피라미

작은 물고기의 대명사

일반적으로 눈 상단부에 붉은 반점이 있는데, 낙동강과 동해 남부 일부 하천의 개체들은 눈 상단부에 검은 반점이 있다.

혼인색
번식기가 되면 수컷은 모두 아름다운 **무지개색**으로 변한다.

뒷지느러미
수컷은 크고 아름답다.

생물 메모

- **분류**: 조기강 잉어목 잉어과 ・ **분포**: 전국 ・ **크기**: 약 16cm(전체 길이) ・ **주요 서식지**: 강의 중류나 하류 지역
- **생태**: 친숙한 민물고기 중 하나. 강 중류에서 하류까지 약간의 물살이 있는 곳에서 많이 서식한다. '잡어' 취급을 받지만 민물고기 중에서는 큰 편에 속한다. 물풀이나 곤충, 새우류를 먹는다.

피라미의 사촌들

'잡어'라는 말은 원래 **여러 물고기 종류가 섞여 있는, 가치가 그리 크지 않은 작은 물고기**를 의미한다.

우리는 잡어가 아니야, 멀쩡한 이름이 있다고!

줄몰개
- **분포**: 서해로 흘러드는 하천과 섬진강
- **크기**: 약 8~9cm(전체 길이)
- **기타**: 입에 난 작은 수염이 특징이다.

버들피리
- **분포**: 임진강, 한강, 낙동강
- **크기**: 약 15cm(전체 길이)
- **기타**: 표면이 기름을 바른 듯 미끌미끌하다.

참붕어
- **분포**: 전국
- **크기**: 8~11cm(전체 길이)
- **기타**: 작게 오므린 입이 특징이다.

피라미와 만나자!

일반적으로 낚시할 때 잘 잡히는 종. 물풀 주변을 첨벙첨벙 발로 밟다 보면 피라미를 잡을 수 있다.

미꾸리

논이나 연못 바닥 청소부

수염
입 주변에 5쌍의 수염이 있다. **물체를 더듬어 파악하는 감각 기관이다.**

장 호흡
허파 호흡이 기본이지만, 물 위로 올라와 **장 호흡**을 할 때도 있다.(피부 호흡도 할 수 있다.)

작은 눈
물 밑 어두운 환경에서 살아가기 때문에 **다른 민물고기에 비해 눈이 작다.**

놀라면 진흙 속으로 파고든다.

생물 메모

- 분류 : 조기강 잉어목 미꾸리과
- 분포 : 전국
- 크기 : 약 10~15cm(전체 길이)
- 주요 서식지 : 논이나 연못 등의 밑바닥
- 생태 : 수온이 높은 곳에 알을 낳기 때문에 산란기가 되면 대부분 논으로 들어온다. 피부 호흡도 해서 논의 물을 빼도 습기만 있으면 땅속으로 들어가 겨울을 난다.

미꾸리의 사촌들

종송개
- 분포 : 섬진강
- 크기 : 약 10cm(전체 길이)
- 기타 : 하천 중류의 유속이 완만하고 깨끗한 모랫바닥에 산다.

쌀미꾸리
- 분포 : 섬진강
- 크기 : 약 6cm(전체 길이)
- 기타 : 미꾸리보다 작고 위아래 굵기가 비슷하다. 이름에 미꾸리가 들어가지만 미꾸리과에 속하지 않는다.

미꾸리와 만나자!

- 놀라면 진흙 속으로 파고들어 도망간다. 진흙과 함께 뜨면 잡을 수 있다.
- 다른 물고기와 함께 수조에 넣어두면 먹이 **찌꺼기 등을 먹어 치우는 '청소부' 역할**을 한다.

송사리

논에서 무리 지어 다녀요

- 수컷
- 등지느러미에 잘린 듯한 홈이 있다.
- 눈이 커서 눈 위치가 높아 보인다.
- 뒷지느러미가 크다.
- 암컷
- 등지느러미에 잘린 듯한 홈이 없다.
- 뒷지느러미가 작다.

생물 메모

- **분류** : 조기강 동갈치목 송사리과
- **분포** : 동해로 흐르는 하천, 섬진강, 남해와 서해의 섬
- **크기** : 약 3.5cm (전체 길이)
- **주요 서식지** : 논, 시내, 연못 등
- **생태** : 논이나 그 주변 시내, 연못 등에 서식하는 작은 물고기. 동물 플랑크톤을 먹는다. 영어로는 쌀 물고기(Rice fish)라고 불릴 정도로 논에 사는 일반적인 물고기이다.

야생 송사리는 송사리와 대륙송사리 2종이 있다. 송사리는 동해와 남해로 흐르는 하천, 대륙송사리는 서해로 흐르는 하천에 주로 분포한다. 송사리는 대륙송사리에 비해 크다.

송사리는 무리를 이루며 살아간다. 논에서 오순도순 함께 헤엄치는 모습이 마치 송사리들의 등굣길 같다.

송사리와 만나자!

- 논이나 물이 천천히 흐르는 시내에서 볼 수 있다. 큰 강에서는 잘 찾을 수 없다.
- 다른 민물고기 새끼나 외래 생물인 모기송사리와 착각하기 쉽다. 등 가운데 선을 따라 검은 세로줄이 있는 것이 가장 큰 특징이다.

유입 주의 외래 생물인 모기송사리와의 차이

비교해 보자

송사리
▲ 위에서 보면 **등에 검은 선**, 꼬리지느러미가 **삼각형**이고 뒷지느러미가 **넓다**.

모기송사리
▲ 꼬리지느러미가 둥글고 뒷지느러미가 좁다.

▲ 관상용 송사리
초등학교 과학 수업 시간에 자주 사용하는 관상용 송사리는 전체적으로 붉다.

붕어

사실은 저 복제로 태어났어요

- 몸 색은 은백색.
- 잉어과 중에서도 몸통의 수직 높이가 큰 편에 속한다.
- 체고

일부 붕어는 **클론 생식**을 한다. 암컷의 난자는 다른 붕어의 정자가 자극하면 정상적으로 발생을 시작한다. 별거 아닌 것 같아도 **엄청난 특기**이다.

모두 얼굴이 똑같아!
우글 우글
← 전부 같은 유전자를 지닌 암컷

붕어는 사실 명확한 분류가 어렵다. 도감에 다양한 종류가 실려 있지만, 최근 유전자 분석을 진행한 결과 떡붕어와 붕어 2종으로 나뉜다는 말이 있다.

떡붕어

체고

생물 메모

- **분류** : 조기강 잉어목 잉어과
- **분포** : 전국
- **크기** : 약 15~25cm(전체 길이)
- **주요 서식지** : 논이나 시내, 연못 등
- **생태** : 예전에는 중요한 단백질 공급원으로 자주 먹었다. 강이나 연못 등에 서식한다. 논에 알을 낳을 때도 있다. 잡식성으로 입에 들어오는 것은 뭐든지 먹으려고 한다.

- **분포** : 전국
- **크기** : 약 40cm(전체 길이)
- **기타** : 붕어보다 몸통의 수직 높이가 더 커서 머리가 커 보이는 체형이다. 낚시꾼에게 인기 있는 떡붕어 개량종은 떡붕어보다 체고가 더 높다.

붕어와 만나자!

- 논이나 시내 등 **물이 천천히 흐르는 곳**에 잘 나타난다.
- 생명력이 강해서 **뭐든지 잘 먹어** 키우기 쉽다. 하지만 수명이 길어 몇 년 동안 키우다 보면 **거대해질 수 있으므로** 수조 크기에 신경 써야 한다.

키우기 시작할 때
좁아
이렇게 커질 줄이야!

▲ 큰 붕어는 크기가 약 30cm나 된다.

물가에서 '첨벙첨벙' 물고기를 잡아보자!

강이나 연못 등의 물가에서 뜰채를 이용해 '첨벙첨벙' 물고기를 잡으면서 놀아 볼까요? 뜰채나 다리로 물풀 주변에서 첨벙대면 물고기를 쉽게 잡을 수 있어요.

준비

모자
내리쬐는 햇볕을 막기 위해 물가에 갈 때 모자는 필수.

구명조끼
이거 하나만으로도 안정성이 크게 높아진다. 어린아이들에게는 필수이다.

수영복
하의만이라도 수영복을 입는 편이 활동하기 좋다.

뜰채
D자형이 좋다. 동그란 채집망은 물고기 잡기에 적합하지 않다.

양동이
잡은 물고기를 관찰할 때 필요하다. 접을 수 있는 것이 좋다.

미끄러지지 않는 신발
젖어도 되는 운동화나 실내화, 긴 장화 등.

방법

물풀이 우거진 주변에서 물고기가 도망갈 방향으로 예상되는 곳에 뜰채를 두고, 발로 첨벙첨벙 물풀을 밟으면서 물고기를 쫓아냅니다. 뜰채를 휘젓지 말고, 뜰채 쪽으로 달아나도록 유인하는 것이랍니다. 채집망을 하류에 대고, 강이나 연못 바닥의 돌이나 모래 위에서 첨벙대면 강에 사는 벌레도 잡을 수 있습니다.

⚠ **주의점** ⚠

- 무엇보다 안전이 제일 중요합니다. 일사병에 대비하는 것은 물론 날씨가 나빠지면 물이 불어날 수 있으므로 그 전에 강에서 벗어나야 합니다.
- 근처에 낚시꾼이 있을 때는 물에서 첨벙대며 낚시를 방해해서는 안 됩니다.
- 지역이나 하천에 따라 물고기를 잡거나 사용할 수 있는 도구에 관한 규정이 있습니다. '어린이의 물장난'으로 넘어가는 경우가 많지만, 만약을 위해서 물고기를 잡을 장소의 규정에 관해 잘 아는 사람에게 물어보거나 조사해 두는 것이 좋습니다.

미니 수족관을 만들어 보자.

채집한 생물들을 한 장소에 모아 미니 수족관을 만들면 좋습니다. 채집한 생물을 키울 생각이 없다면 원래 살던 환경에 풀어 주어야 합니다.

애반딧불이

수컷이 더 예뻐요

빛
빛은 암컷보다 수컷이 더 강한 편이다. 날아다니는 것도 대부분 수컷이다.

가슴

딱지날개
딱정벌레 사촌이어서 딱지날개가 단단하다.

다 큰 애벌레는 땅으로 올라와 흙 속에서 번데기가 된다.

알은 이끼 위에 낳는다. **알이나 번데기일 때도 약하게 빛난다.** 애벌레는 **먹이를 가리지 않고** 달팽이나 다슬기, 곤충, 올챙이 등을 먹는다.

생물 메모

- **분류** : 곤충강 딱정벌레목 반딧불이과
- **분포** : 전국
- **크기** : 약 1cm(몸길이)
- **주요 서식지** : 논, 습지, 연못 등
- **생태** : 어른벌레는 6~7월 장마철에 발생해 초여름 시골 풍경을 대표한다.

일본의 겐지반딧불이와 애반딧불이는 같은 애반딧불이속이지만 가슴 무늬가 다르다.

← 가슴 →

겐지반딧불이　애반딧불이

겐지반딧불이
- **분포** : 일본 혼슈, 시코쿠, 규슈
- **크기** : 약 1.5cm(몸길이)
- **생태** : 애벌레는 편식이 심해서 기본적으로 다슬기가 없으면 생존할 수 없다.

반딧불이와 만나자!

- 발생 지점이 매년 같아 지역 주민에게 물어보는 편이 빠르다.
- 애반딧불이는 논이나 연못처럼 **고인 물에서 주로 볼 수 있다.**

▲ 반딧불이 무리

밀잠자리

자기 영역을 지켜요

수컷이 성숙하면 몸에 **소금을 뿌린 듯한 청백색**이 된다.

복안
아름다운 **청록색**.

암컷
전체적으로 수수한 노란색이라서 '밀짚잠자리'라고도 부른다.

잠자리 종류에 따라 알을 낳는 방식이 다른데, 밀잠자리는 꼬리로 **수면을 치듯이 알을 떨어뜨린다**. 하지만 **수면처럼 반사하는 물체**는 모두 물이라 착각하고 거기다 알을 낳으려고 할 때도 있다.

주변을 경계하는 수컷
산란하려고 하는 암컷
틱 틱 틱

큰밀잠자리
- **분류** : 잠자리과
- **분포** : 전국
- **크기** : 약 5~6cm(몸길이)
- **기타** : 밀잠자리와 혼동하기 쉽지만, 색이 진하고 날개가 시작되는 부위가 검다. 도시에서는 큰밀잠자리가 더 많이 관찰되는 편이다.

생물 메모
- **분류** : 곤충강 잠자리목 잠자리과 **분포** : 전국 **크기** : 약 5~6cm(몸길이) **주요 서식지** : 논이나 연못 등
- **생태** : 우리에게 친숙한 잠자리. 시가지부터 산지까지 폭넓게 서식하는 보통 종. 작은 물웅덩이라도 있으면 알을 낳는다. 애벌레와 어른벌레 모두 육식성이다.

밀잠자리와 만나자!

꼬리로 수면을 치듯이 알을 낳기 때문에 물풀이 별로 많지 않은 **인공 연못에서 흔히 볼 수 있다**.

비교해 보자

▲ 밀잠자리

▲ 배치레잠자리

이 외에도 청백색 잠자리가 의외로 많다. 밀잠자리인 줄 알았던 게 사실은 다른 종류일 수도 있다. 잘 관찰해 보자.

고추좀잠자리

더위에 약해요

배 주변이 붉어 '고추잠자리'라고도 불린다.

가슴

잠자리류는 보통 **가슴 무늬로 구분한다.**

이 부분이 잘려 있다. — 여름좀잠자리
이 부분이 뾰족하다. — 고추좀잠자리

다리

다리에 털이 있어 **먹이를 잘 움켜쥔다.**

생물 메모

- **분류** : 곤충강 잠자리목 잠자리과
- **분포** : 전국
- **크기** : 약 4~5cm(몸길이)
- **주요 서식지** : 논이나 연못, 풀밭 주변 등
- **생태** : 고추좀잠자리류 중 흔히 볼 수 있는 종. 여름에 성충이 되지만 바로 높은 지역으로 이동한다. 가을에 날이 서늘해질 즈음 평지로 내려온 것을 흔히 볼 수 있어 고추좀잠자리라는 이름이 붙었다.

여름좀잠자리: 우리 살던 곳에서 그냥 살자
고추좀잠자리: 더위는 싫어! 높은 곳으로 가자

고추좀잠자리는 더위를 싫어해 번데기에서 성충이 되면 **높은 산으로 이동**한다. 가을에 날이 서늘해지면 평지로 내려와 알을 낳는다.

한편 여름좀잠자리는 높은 곳으로 이동하지 않고, 여름에도 시골의 덤불이나 풀밭, 물가 등지에서 볼 수 있어 여름좀잠자리라는 이름이 붙었다.

고추좀잠자리와 만나자!

- 고추좀잠자리라는 이름처럼 시골에서는 가을 추수철에 흔히 볼 수 있다.
- 여름좀잠자리는 높은 곳으로 이동하지 않지만, 더운 날은 주로 나무 그늘 같은 곳에 있다. 곤충이라고 하면 여름 이미지가 강하지만 너무 더운 날은 별로 움직이지 않는다.

비교해 보자

▶ **고추잠자리**

잠자리류는 더운 날은 햇볕을 받는 면적을 줄이기 위해 배를 들어 올리는 행동을 한다.

왕잠자리

여름 하늘과 잘 어울려요

잠자리류는 따로따로 움직일 수 있는 4장의 날개가 있어 정지 비행, 급선회, 급발진도 자유자재!

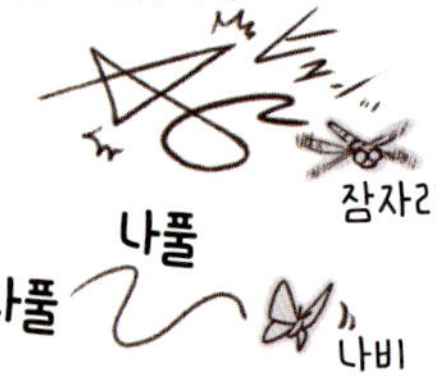

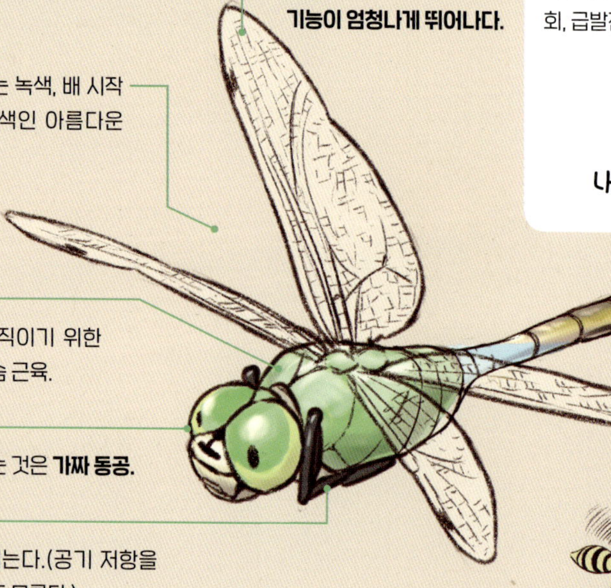

나풀 나풀 — 나비
잠자리

날개 — 기능이 엄청나게 뛰어나다.

가슴 부위는 녹색, 배 시작 부위는 청색인 아름다운 왕잠자리.

가슴 — 날개를 움직이기 위한 강력한 가슴 근육.

복안 — 검게 보이는 것은 **가짜 동공**.

다리 — 날 때는 접는다.(공기 저항을 줄여 줄지도 모른다.)

다리를 늘어뜨린 채 나는 등검음쌍말벌.
추우~~욱

검은 배에 청색 점들
가슴에 검은 줄무늬가 있다.

생물 메모

- **분류** : 곤충강 잠자리목 왕잠자리과
- **분포** : 전국　：약 7~8cm(몸길이)
- **주요 서식지** : 논이나 큰 연못, 강 등
- **생태** : 배 아래쪽이 은백색을 띤다. 수컷이 항상 물 주변으로 날아다니는 이유는 영역을 순찰하며 다른 수컷으로부터 지키기 위해서이다.

먹줄왕잠자리
- **분포** : 전국
- **크기** : 약 7~8cm
- **기타** : 왕잠자리와 자주 혼동한다. 주위가 나무로 둘러싸인 연못에 많다.

왕잠자리와 만나자!

🐾 **매우 빨리 나는 데다 비행 솜씨도 뛰어나서** 잡거나 사진을 찍기가 대단히 어렵다.

🐾 **알을 낳을 때**가 천천히 관찰할 절호의 기회.

▶ **왕잠자리**
암수가 연결된 상태로 알을 낳는다.

◀ **먹줄왕잠자리**
암컷 혼자서 알을 낳는다.

78

된장잠자리

겨울에는 모두 죽어요

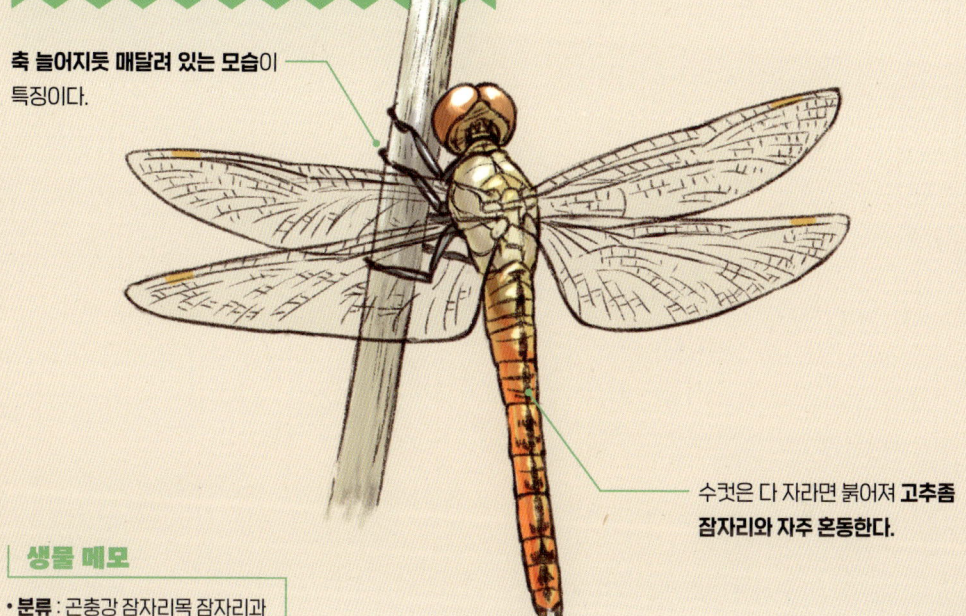

축 늘어지듯 매달려 있는 모습이 특징이다.

수컷은 다 자라면 붉어져 **고추좀잠자리**와 자주 혼동한다.

생물 메모

- 분류 : 곤충강 잠자리목 잠자리과
- 분포 : 전국
- 크기 : 약 4.5~5cm(몸길이)
- 주요 서식지 : 논, 연못 등
- 생태 : 여름이 끝날 무렵부터 조금 높은 곳에 크게 무리 지어 날아다니는 잠자리. 농지나 강변, 운동장처럼 탁 트인 환경에서 많이 보인다. 겨울을 무사히 날 수 있는 최북단은 대만까지이며, 이보다 북쪽에 있는 개체는 겨울에 모두 죽는다.

남쪽에서 날아오지만, **겨울에는 모두 죽는다**. 하지만 봄이 되면 다시 남쪽에서 날아온다. 분포 지역을 늘리려는 것일까?

된장잠자리와 만나자!

- 어디에서나 많이 보이지만 낮에는 조금 높은 곳에 있어 천천히 관찰하거나 잡기가 어렵다.
- 아침이나 저녁 무렵에 날씨가 우중충하면 멈춰 쉬므로 관찰하기 쉽다.

▲ 맑은 가을 하늘을 떼 지어 날아다니지만, 항상 높은 곳에 있어 눈에 잘 띄지는 않는다.

송장헤엄치개

배영의 달인

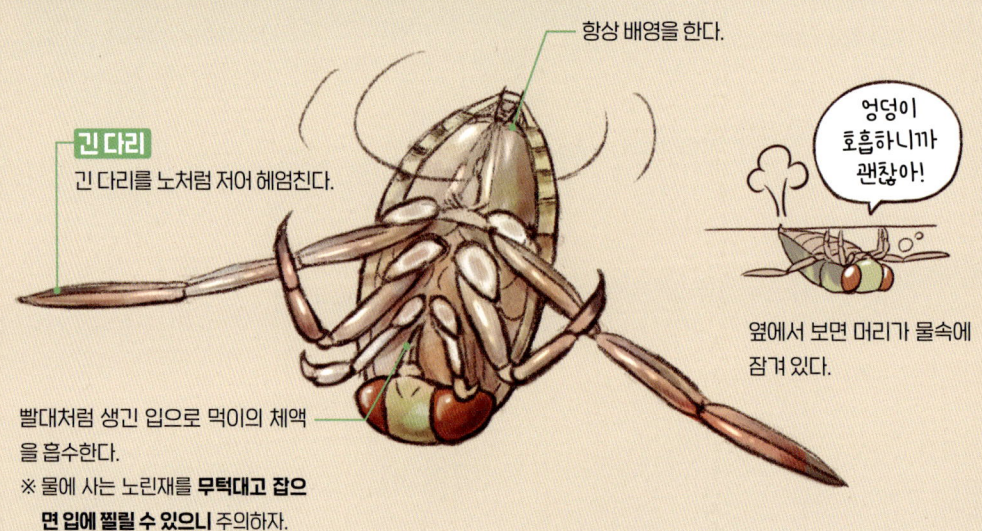

- 항상 배영을 한다.
- **긴 다리**: 긴 다리를 노처럼 저어 헤엄친다.
- 빨대처럼 생긴 입으로 먹이의 체액을 흡수한다.
- ※ 물에 사는 노린재를 무턱대고 잡으면 입에 찔릴 수 있으니 주의하자.

"엉덩이 호흡하니까 괜찮아!"

옆에서 보면 머리가 물속에 잠겨 있다.

생물 메모

- **분류**: 곤충강 노린재목 송장헤엄치개과
- **분포**: 전국
- **크기**: 약 1~1.5cm(몸길이)
- **주요 서식지**: 논이나 연못처럼 고인 물
- **생태**: 육식 생물로 물에 떨어진 곤충을 잡아서 빨대처럼 생긴 입으로 찔러 체액을 빨아먹는다. 연못에서 연못으로 날아다니며 이동할 수도 있다.

물에 사는 다른 노린재 사촌들

소금쟁이
- **분류**: 소금쟁이과
- **분포**: 전국 **크기**: 보통 소금쟁이는 약 1.5cm(몸길이)
- **생태**: 다리에 난 가는 털을 이용해 물 위에 뜬다.

물장군
- **분류**: 물장군과
- **분포**: 전국
- **크기**: 약 5~6cm(몸길이)
- **생태**: 노린재 중 가장 커서 물에 사는 장군이라는 이름이 붙었다. 현재 멸종위기 2급 야생 생물이다.

게아재비
- **분류**: 장구애비과
- **분포**: 전국
- **크기**: 약 4~5cm(몸길이)
- **생태**: 사마귀와 비슷해 물사마귀라고도 부르지만 노린재류다.

송장헤엄치개와 만나자!

소금쟁이나 닷거미가 있는 논에 송장헤엄치개도 있을 확률이 높다. 노처럼 긴 다리로 휙휙 헤엄치는 모습을 관찰해 보자.

▶ 위에서 바라본 논에서 헤엄치는 송장헤엄치개

찾아보자

섬서구메뚜기

수컷은 질투쟁이

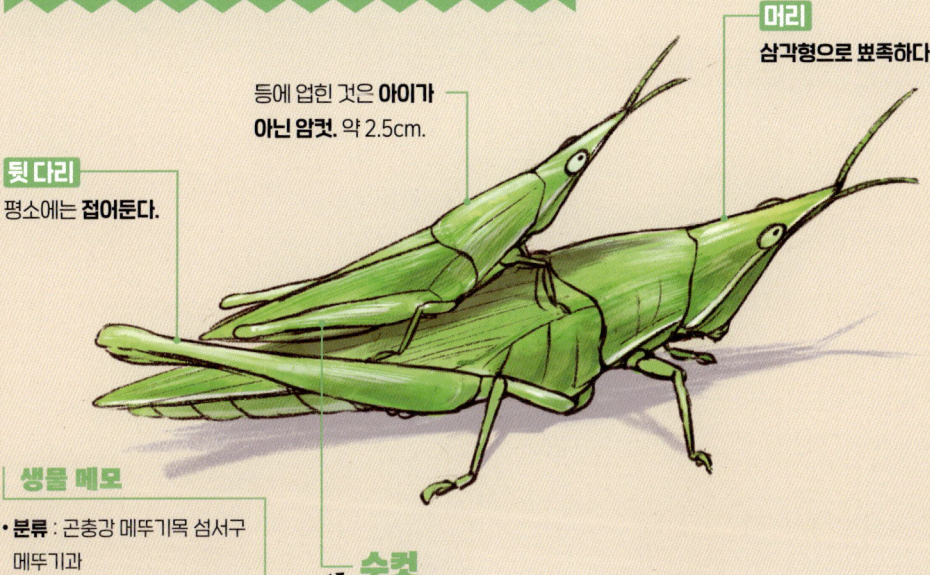

- **머리**: 삼각형으로 뾰족하다.
- 등에 업힌 것은 **아이가 아닌 암컷**. 약 2.5cm.
- **뒷다리**: 평소에는 **접어둔다**.
- **수컷**

생물 메모
- **분류**: 곤충강 메뚜기목 섬서구메뚜기과
- **분포**: 전국
- **크기**: 날개 끝까지 약 4cm(암컷)
- **주요 서식지**: 논둑, 밭, 풀밭 등
- **생태**: 풀밭에서 흔히 볼 수 있는 메뚜기. 점프가 특기이며 잘 날지는 않는다. 녹색 섬서구메뚜기가 많지만, 갈색 섬서구메뚜기도 있다.

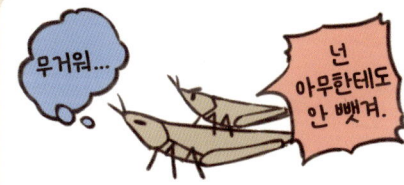

짝짓기가 끝나도 암컷이 다른 수컷을 만나지 못하도록 **항상 태우고 다니는 수컷**.

물리적으로도, 애정 면에서도 무겁다.

무거워...
넌 아무한테도 안 뺏겨.

섬서구메뚜기와 만나자!

- 논둑이나 풀밭을 걷다 보면 뛰어오르며 **도망치는 섬서구메뚜기**를 볼 수 있다.
- 여름부터 볼 수 있지만, **크게 성장하는 가을**에 관찰하기 좋다.
- 섬서구메뚜기는 사실 **착지가 서툴다**. 착지하는 순간 빈틈이 생겨 잡기 쉽다.

메뚜기류는 종류가 많다. 풀밭에서 다양한 메뚜기를 찾아보자.

찾아보자

▲ **방아깨비**
섬서구메뚜기보다 더 길쭉하고 다리도 길다.

▲ **중베짱이**
육식인 메뚜기목 여치과 곤충으로 물리면 아프다.

▲ **우리벼메뚜기**
섬서구메뚜기처럼 암컷을 잘 업어 준다.

왕사마귀 풀밭 사냥꾼

눈
큰 눈과 잘 돌아가는 머리로 먹이를 노려본다.
가짜 동공: 늘 이쪽을 보는 듯한 검은 눈.(복안 구조로 인해 그렇게 보일 뿐 이쪽을 보는 게 아니다.)

조금 무서워!

사람이 나타나면 위협하는 자세를 취한다.

자줏빛이 도는 갈색 날개
수컷은 잘 날지만, 암컷은 잘 날지 않아서 별로 사용하지 않는다.

앞다리
가시가 나 있어 잡은 먹이는 놓치지 않는다.

겨울에는 슈크림처럼 생긴 눈에 확 띄는 알 주머니를 만든다.

생물 메모
- **분류**: 곤충강 사마귀목 사마귀과
- **분포**: 전국
- **크기**: 약 7~10cm(몸길이)
- **주요 서식지**: 풀밭이나 나무가 우거진 정원 등
- **생태**: 풀밭이나 정원의 키 작은 나무에서 잘 나타난다. 한국에서 가장 큰 사마귀로 싸움도 잘하고 다른 사마귀도 잘 잡아먹는다. 사람이 나타나도 기죽지 않는다.

사마귀 사촌들
※ 한국에는 총 8종의 사마귀가 서식한다.

넓적배사마귀

- **분포**: 중부와 남부 지방
- **크기**: 약 5~7cm(몸길이)
- **생태**: 어깨너비와 배가 넓다. 나뭇가지나 건축물 등에 타원형 알 주머니를 만든다.

좀사마귀

- **분포**: 전국
- **크기**: 약 3~6cm(몸길이)
- **생태**: 갈색 개체가 많다. 땅 근처 나무뿌리나 돌에 가늘고 긴 알 주머니를 만든다.

왕사마귀와 만나자!
- 어른벌레는 몸이 커지는 늦여름에서 가을 즈음에 풀밭에서 볼 수 있다.
- 알 주머니는 종류에 따라 발견 장소가 조금씩 다르다. 왕사마귀는 키가 작은 나뭇가지나 억새 줄기에서 찾기 쉽다.

▲ **알을 낳는 왕사마귀**
처음에는 거품으로 장벽을 만들고 그 안에 안전하게 알을 낳는다.

4장 숲과 야산 생물들

동물들이 묻어 둔 채 잊어버린 도토리는

봄에 싹을 틔워 새로운 나무가 된답니다.

청설모

새우튀김 솔방울은 먹다 남긴 흔적

손
음식은 **양손으로** 잡는다.

꼬리
나무 위에서 **균형을 잡을 때** 도움이 된다. 적에게 잡혔을 때 바로 도망칠 수 있도록 쉽게 끊긴다.

배
배가 **하얗다.**

생물 메모

- **분류**: 포유강 설치목 청설모과
- **분포**: 전국
- **크기**: 약 16~22cm(머리에서 몸통까지 길이)
- **주요 서식지**: 소나무 숲이나 잡목림 등
- **생태**: 솔방울 속 씨를 잘 먹어 소나무 숲에 많이 나타난다. 곤충이나 작은 새의 알도 먹는다. 겨울에는 겨울잠을 잔다.

숲에서 자주 발견되는 청설모의 식흔

통칭 **새우튀김**

※ 쥐는 구멍을 뚫어 먹는다.

- **솔방울**: 솔방울 인편 사이에 있는 씨를 먹는다.
- **쪽가래나무 열매**: 둘로 쪼개어 먹는다.

청설모와 만나자!

❀ 실물을 보기는 어렵지만 필드 사인이나 둥지는 의외로 찾기 쉽다. 솔방울이 떨어져 있다면 새우튀김 모양을 찾아보자.

◀ **식흔**
새우튀김처럼 생긴 솔방울. 숲들쥐도 비슷한 새우튀김 식흔을 남긴다. 이때는 솔방울 인편이 잘린 형태나 주위 환경을 보고 판단한다.

꽃사슴

멸종 위기 1급 동물이에요

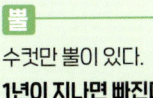

뿔
수컷만 뿔이 있다.
1년이 지나면 빠진다.

여름털
하얀 배지 무늬. 여름에 숲속 나뭇잎 사이로 쏟아지는 햇살처럼 보여 보호색 역할을 한다.

강한 다리
달리기도 잘하고 **점프력도 뛰어나다.**

생물 메모
- **분류**: 포유강 우제목 사슴과
- **분포**: 북한
- **크기**: 약 110~170cm(머리에서 몸통까지 길이)
- **주요 서식지**: 잡목림이나 나무 정원 등
- **생태**: 시골 마을부터 깊은 산까지 서식 범위가 넓다. 일반적으로 암컷과 수컷이 따로 무리를 이룬다. 풀이나 나뭇잎, 나무 열매, 과일 등을 먹는다. 겨울에는 나무껍질을 먹기도 한다.

몸이 큰 것치고 점프력이 대단하다. 1.5m 정도 높이의 울타리도 가뿐히 뛰어넘는다.

꽃사슴과 만나자!

🐾 **겁이 많아서** 눈이 마주치면 바로 엉덩이를 보이며 숲속으로 도망간다. 목초지처럼 탁 트인 곳에서 풀을 먹을 때도 주로 **우거진 나무 근처**에 머문다.

🐾 겨울에서 봄까지 숲 바닥의 식물이 적을 때 숲길을 걷다 보면 꽃사슴이 떨어뜨린 뿔을 발견할 수 있다.

◀ **발자국**
발굽이 2개인 것이 특징이다.

◀ **곁발굽**
부드러운 땅바닥에는 곁발굽 흔적이 남아 있을 수 있다.

▲ 똥은 동글동글하고 납작한 형태. 같은 우제목에 속하는 산양 똥도 비슷하다.

 ※ 1970년대에 녹용 채취를 목적으로 대만에서 들여온 대만꽃사슴은 농장에서 탈출해 속리산에 정착했다. 이들은 산양, 노루, 고라니 같은 고유종을 밀어낸 뒤 서식지를 점령하고 속리산의 자연 식생에 악영향을 미쳐 큰 문제가 되고 있다.

멧돼지

돼지의 선조

몸털
털의 색은 다갈색이나 흑갈색으로 개체별로 차이가 있다.

멧돼지 새끼 / **수박**
새끼들은 '수박' 같은 **무늬**가 있다.

송곳니
날카로운 송곳니로 밀어 올리듯 공격한다.

생물 메모

- **분류** : 포유강 우제목 멧돼지과
- **분포** : 전국
- **크기** : 약 100~170cm(머리에서 몸통까지 길이)
- **주요 서식지** : 산지의 숲, 농경지에도 출몰
- **생태** : 겁이 많은 성격이라 사람 앞에 거의 모습을 드러내지 않는다. 잡식성으로 땅을 파헤치며 나무 열매나 곤충류, 지렁이 등을 먹는다.

농작물을 해쳐서, 옛날부터 농사는 **멧돼지와의 싸움**이었다. 벼, 과일나무, 옥수수, 감자 등 다방면으로 피해를 준다.

멧돼지와 만나자!

가까운 거리에서 마주치면 갑자기 **돌진할 위험**이 있으므로 발견해도 **멀리서 지켜보기만** 하자.

필드사인

▲ **발자국**
사슴과 비슷하지만 곁발굽 흔적이 많이 남는다.

◀ **진흙탕**
사슴이나 멧돼지가 진흙으로 몸을 씻으려고 파둔 곳.

멧토끼

동요로 친숙한 산토끼

귀
애완용 토끼보다 귀가 **길다**.

- **토끼 똥**: 벌채지처럼 탁 트인 곳에서 흔히 볼 수 있다. 물기가 없어 별로 더럽게 느껴지지 않는다.

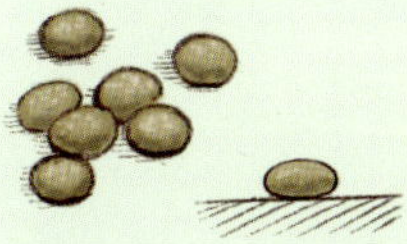

옆에서 보면 약간 납작한 찐빵 모양.

생물 메모
- **분류**: 포유강 토끼목 토끼과 **분포**: 전국
- **크기**: 약 40~55cm(전체 길이) **주요 서식지**: 숲이나 벌채지, 나무 정원 등
- **생태**: 나무가 울창하고 어두운 숲속보다 벌채지 같은 밝은 풀밭 환경을 더 좋아한다. 최근에는 시골의 풀밭이 줄어들어 멧토끼 수도 감소하고 있다.

우걱 우걱

겉모습은 귀여워도 농작물을 먹어 사람에게 피해를 주는 동물이다.

멧토끼와 만나자!

토끼는 **야행성**이고 매우 **겁이 많은 동물**이다. 최근에는 개체수가 줄어 **직접 멧토끼를 보기는 어렵다**. 그러나 똥이나 발자국은 의외로 벌채지 같은 곳에서 쉽게 찾을 수 있다. 똥이나 발자국이 비슷한 동물이 없어 토끼의 존재를 금방 알아차릴 수 있다.

필드 사인

뒷발이 크다.
앞발 뒷발

◀ 앞발 찍고 뒷발 찍는 순서로 착지해 이런 모양의 발자국이 남는다.

족제비

몸이 길고 다리가 짧은 사냥꾼

몸통이 길고 다리가 짧은 체형이어서 좁은 곳이나 덤불 속에서도 움직이기 쉽다.

얼굴은 검다. 입술과 아래턱 사이에 뚜렷한 백색 무늬가 있다.

족제비는 물가를 좋아한다.

산달
- **분포** : 광릉, 성환, 천안
- **크기** : 약 40~55cm(머리에서 몸통까지 길이)
- **생태** : 초식 동물로 나무 타기가 특기이며 나무 열매도 즐겨 먹는다.

족제비류는 몸통이 길고 다리가 짧아서 시선이 낮지만, 뒷다리로 서서 주변을 경계한다.

생물 메모
- **분류** : 포유강 식육목 족제비과 · **분포** : 전국
- **크기** : 약 25~37cm(머리에서 몸통까지 길이) · **주요 서식지** : 물가, 숲, 풀밭 등
- **생태** : 육식을 즐기는 잡식성으로 쥐, 새, 개구리, 곤충, 가재, 물고기 등 다양한 생물을 먹는다.(특히 쥐를 좋아한다.)

족제비와 만나자!

- 족제비과의 똥은 아주 잘 발견된다. **경계심이 심해서** 모습을 잘 드러내지는 않는다.
- 물가를 좋아해 논이나 수로 주변의 **진흙탕에서** 발자국을 찾기 쉽다.

필드 사인

◀ **족제비 똥**
족제비류는 늘 위처럼 눈에 띄는 곳에 똥을 싼다. '자기 영역'을 주장하는 듯하다. 산달의 똥에는 식물 씨도 많이 섞여 있다.

◀ **발자국**
발가락이 5개이지만 엄지발가락이 찍히지 않을 때도 많다. 너구리 발자국보다 작다.

황금새

외모와 노래 모두 밝은 새

눈썹: 선명한 노란색.

허리: 짝짓기 노래를 부르거나 **구애나 위협 행동**을 할 때는 허리의 노란색 부분을 더 부풀린다.

피추리

경쾌하고 리드미컬하게 운다. 피콜로 음색에 많이 비유된다.

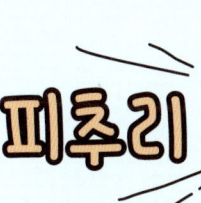

나 흉내 잘 내지 / 츠크츠크호시

다른 새나 애매미의 **소리를 흉내 내기도 한다**.

날개에 **흰 무늬**가 있다.

생물 메모
- **분류**: 조강 참새목 솔딱새과   **분포**: 전국
- **크기**: 약 14cm(전체 길이)   **주요 서식지**: 숲
- **생태**: 한국을 드물게 지나가는 나그네새. 경치가 좋은 곳에 멈춘 채 공중에서 곤충을 잡아챈다. 가을에는 나무 열매도 먹는다.

황금새 사촌

큰유리새
- **분포**: 전국
- **크기**: 약 16cm(전체 길이)
- **생태**: 황금새 노랫소리와 닮았지만 속도가 조금 느리며, 노래 마지막에 '지잇'이라는 소리가 붙는다.

황금새와 만나자!

- **4월 말부터 5월 초** 무렵 평지에서 산지로 올라가 짝을 유혹하는 노래를 앞 다퉈 부른다.
- 노래 형태가 다양하다. '**피코리**'나 '**피추리**'처럼 경쾌한 노랫소리가 들릴 때 숲 안쪽을 살펴보면 찾기 쉽다.

비교해 보자

큰유리새는 나무 꼭대기 눈에 띄는 곳에서 울 때가 많다. 그러나 황금새는 숲 안쪽에 있을 확률이 높다.

참매

비둘기를 잡은 범인은 누구?

눈썹
하얗고 두껍다.

눈(홍채)은 노란색이지만 붉은 기가 도는 수컷도 있다.

얇은 줄무늬가 가득하다.

생물 메모
- **분류** : 조강 매목 수리과
- **분포** : 전국
- **크기** : 수컷 약 50cm, 암컷 약 60cm(전체 길이)
- **주요 서식지** : 숲, 농지 주변 등
- **생태** : 새를 사냥하는 새. 작은 새부터 때로는 백로류 같은 큰 새도 사냥한다. 시골집 근처에서는 집비둘기를 주로 먹는다. 보기 드문 맹금류 같은 이미지이지만 의외로 주변에 잘 나타난다.

시골에서 특히 겨울에 잘 볼 수 있는 참매 사촌들

참매(암컷) | **새매(암컷)** | **조롱이(암컷)** | 큰부리까마귀

참매(암컷)
- **분포** : 전국
- **크기** : 약 60cm(전체 길이)
- **기타** : 날 때 배의 가로줄무늬가 거의 보이지 않는다.

새매(암컷)
- **분포** : 전국
- **크기** : 약 40cm(전체 길이)
- **기타** : 꽁지깃이 길고 몸이 전체적으로 날씬하다.

조롱이(암컷)
- **분포** : 전국
- **크기** : 약 30cm(전체 길이)
- **기타** : 참매를 그대로 작게 줄인 듯한 형상으로 목에 검은 선이 있다.

참매와 만나자!

- 참매는 작은 새를 노리기 때문에 작은 새가 활발하게 활동하는 아침에 찾기 쉽다.
- 참매를 비롯한 전체 맹금류는 산지에 살다가 평지로 내려오는 겨울에 쉽게 볼 수 있다.
- 까마귀나 작은 새가 갑자기 소란스럽다면 높은 하늘을 보자. 매를 발견할지도 모른다.

찾아보자

◀ **어린 참매를 위협하는 까마귀**
까마귀는 마치 맹금류의 센서 같다. 시비를 잘 건다.

◀ **참매가 먹다 남긴 흔적**
흩뿌려진 집비둘기 깃. 고양이가 잡았다면 비둘기 깃털의 줄기가 부러질 확률이 높다. 참매는 먹기 좋게 털을 뽑아버린다.

오목눈이

가벼운 몸이 장점이에요

작고 가벼운 새. 거꾸로 매달리거나 재주넘기를 하듯 움직인다.

눈썹
검고 두껍다.

꼬리
국자 **손잡이**처럼 꼬리가 길다.

생물 메모
- **분류** : 조강 참새목 오목눈이과
- **분포** : 전국
- **크기** : 약 14cm(전체 길이)
- **주요 서식지** : 숲 등
- **생태** : 평지나 산지 숲에 서식하는 작은 새. 부리가 작아서 큰 먹이는 먹지 못한다. 깍지벌레나 곤충 알, 수액 등을 콕콕 찍어 먹는다.

흰머리오목눈이
- **분포** : 경기도, 강원도 북부
- **크기** : 약 14cm(전체 길이)
- **기타** : 새에 별다른 흥미가 없는 사람도 금세 반하고 마는 귀여운 새로 오목눈이 아종.

물까치
- **분포** : 까마귀과
- **분포** : 전국
- **크기** : 약 35~40cm(전체 길이)
- **기타** : 까마귀의 사촌. 처음 새를 접했을 때는 오목눈이와 혼동하기 쉽다. 두 종 모두 꼬리가 길다.

오목눈이와 만나자!

✸ 다양한 소리를 내지만, **'쯔르르' 소리가 특징**이어서 이 소리를 기억해 두면 알아차리기 쉽다.

✸ **행동이 잽싸서** 쌍안경 시야에 넣기가 조금 힘들다. 가을에서 겨울에는 무리를 이루는데, 함께 날아오를 때 나뭇잎도 떨어지므로 찾기 쉽다.

찾아보자

◀ **오목눈이 무리**
새끼들이 둥지를 떠난 직후에는 가지에 줄지어 서로 붙어 있다. 봄에 숲속을 걸어 다니는 모습도 가끔 볼 수 있다.

쇠딱따구리

몸집이 작은 딱따구리

부리
송곳처럼 날카롭고 튼튼하다.

수컷
후두부에 **붉은 털**이 있다.

날카로운 발톱
90도가 넘는 경사에서도 나무줄기를 단단히 잡고 있어 쉽게 떨어지지 않는다.

발가락
방향은 앞쪽으로 2개, 뒤쪽으로 2개.

꽁지깃
꽁지깃도 함께 이용해 몸을 지탱한다.

시골에서 볼 수 있는 다양한 딱따구리

오색딱따구리(♂)   청딱따구리(♂)

큰 딱따구리가 파 놓은 구멍은 **다른 동물의 보금자리**로도 쓰인다.

생물 메모

- **분류** : 조강 딱따구리목 딱따구리과
- **분포** : 전국
- **크기** : 약 15cm(전체 길이)
- **주요 서식지** : 숲속
- **생태** : 깊은 산부터 작은 녹지가 있는 주택 가까지 폭넓게 서식한다. 딱따구리 중 가장 작다. 나무속이나 나무껍질 틈새에 낀 곤충을 잡아먹고, 가을에는 나무 열매도 먹는다.

콕콕콕 — 쇠딱따구리
다라라라라라라라라 — 청딱따구리

쇠딱따구리와 대형 딱따구리는 나무를 두드리는 소리의 속도와 크기가 전혀 다르다.

쇠딱따구리와 만나자!

- **'치르르릇'** 소리가 날 때 나무줄기를 살펴보면 쉽게 찾을 수 있다. 먹이를 찾으면서 조금씩 위로 올라간다.
- **경계심이 심해서** 사람이 근처로 다가가면 나무 뒤로 숨어 버린다.

찾아보자

치르르릇

◀ 문이 삐걱대는 듯한 새 소리가 들리면 나무줄기를 찾아보자.

 **각양각색의 새 둥지를 소개합니다!**

새끼를 키우는 새 둥지를 찾았다면 계속 관찰하거나 사진을 찍는 행동은 되도록 하지 말아야 합니다. 야생 새는 경계심이 심해서 새끼 돌보는 걸 포기해 버리거든요. 새 둥지는 잎이 떨어진 겨울에 찾기 쉽습니다. 겨울에 시골에서 새 둥지를 발견할 때마다 "이런 곳에 둥지를 지었네!" 하고 늘 감탄하곤 합니다.

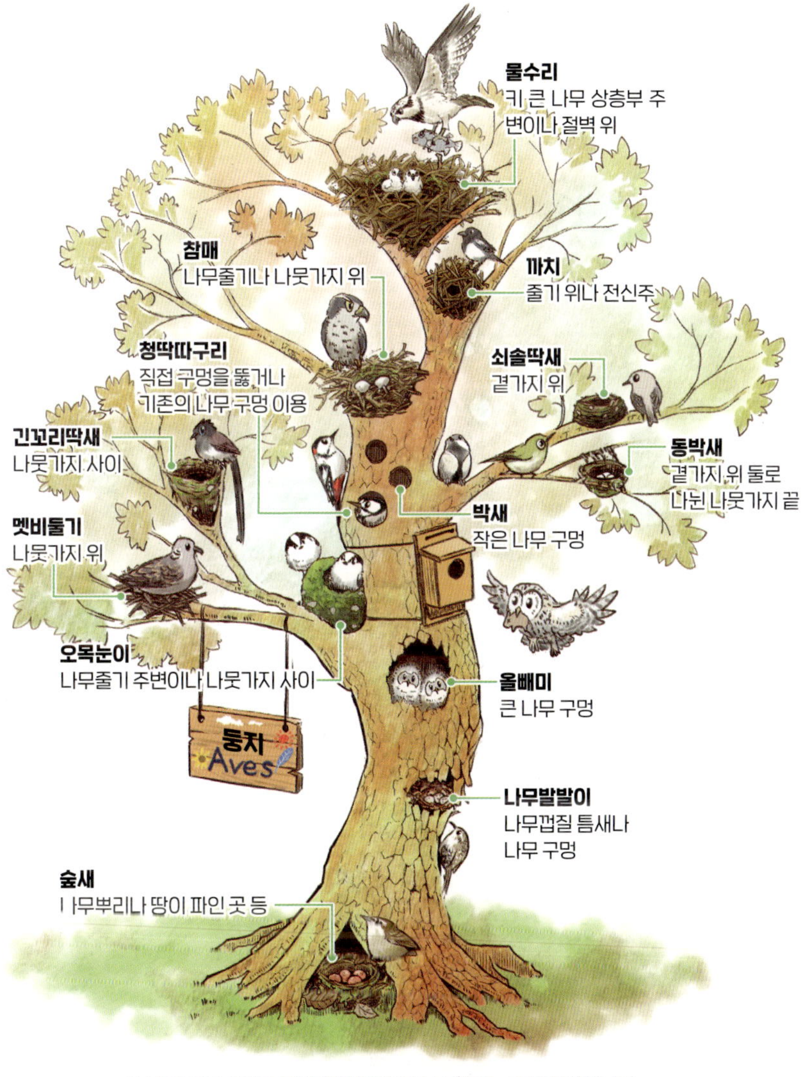

물수리
키 큰 나무 상층부 주변이나 절벽 위

참매
나무줄기나 나뭇가지 위

까치
줄기 위나 전신주

청딱따구리
직접 구멍을 뚫거나 기존의 나무 구멍 이용

쇠솔딱새
곁가지 위

긴꼬리딱새
나뭇가지 사이

동박새
곁가지 위 둘로 나뉜 나뭇가지 끝

멧비둘기
나뭇가지 위

박새
작은 나무 구멍

오목눈이
나무줄기 주변이나 나뭇가지 사이

올빼미
큰 나무 구멍

나무발발이
나무껍질 틈새나 나무 구멍

숲새
나무뿌리나 땅이 파인 곳 등

※ 나무 종류나 환경 등에 따라 둥지 장소나 형태는 크게 달라집니다.

산청개구리

나무 타기를 좋아해요

몸색
붉은 반점이 있거나 그냥 아무 무늬 없이 녹색인 개체도 있어 차이가 크다.

눈
눈 색깔이 붉그스름하다.

나무 위에 알을 낳는다.
천적이 알을 먹지 못하도록 이런 식으로 알 낳는 방법을 터득했을지도 모른다.

생물 메모

- 분류 : 양서강 무미목 개구리과
- 분포 : 전국
- 크기 : 약 4~8cm(몸길이)
- 주요 서식지 : 논, 숲 등
- 생태 : 평소에는 숲속에서 생활하지만 번식기가 되면 물가로 내려와 산란한다. 흡반이 발달해 나무를 잘 탄다. 주로 나무 위에 있다가 몸을 적시기 위해 가끔 물가로 내려온다.

흡반

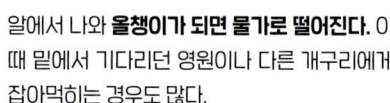

알에서 나와 올챙이가 되면 물가로 떨어진다. 이때 밑에서 기다리던 영원이나 다른 개구리에게 잡아먹히는 경우도 많다.

산청개구리와 만나자!

- 지역에 따라 차이가 있지만, **5~6월부터 초여름까지** 주위가 나무로 둘러싸인 논에 가면 알을 볼 수 있다.
- **밤에 알을 낳아서** 관찰이 어려우나 아침 일찍 나가면 아직 알을 낳는 중인 개체를 볼 수도 있다.
- 낮에는 **알 주변의 키 작은 나무**를 살펴보자. **나무 그늘**에 가만히 있을 확률이 높다.

찾아보자

◀ 산청개구리
가만히 있는 어른 개구리.

▲ 산청개구리 알
알이 여러 개나 달린 나뭇가지.

집 주변 | 물가와 풀밭 | 숲과 야산 | 봄 | 여름 | 가을 | 겨울

왕오색나비

나무 수액을 좋아해요

암컷은 보라색이 아니라 **전체적으로 갈색**이다.

공중에서 **빙빙 도는 모습**을 자주 볼 수 있다.

애벌레

등에 돌기 4쌍이 있다. 처음에는 녹색이지만, **겨울이 다가오면 갈색으로 변했다가 다시 녹색으로 돌아온다.**

생물 메모

- **분류** : 곤충강 나비목 네발나비과 · **분포** : 전국
- **크기** : 약 5~6cm(앞날개 길이) · **주요 서식지** : 숲
- **생태** : 졸참나무나 상수리나무 숲에 서식하는 시골을 대표하는 나비. 무늬가 아름답고 암컷이 수컷보다 크다. 수액을 좋아해 자주 찾아온다. 애벌레는 팽나무 잎을 먹는다.

왕오색나비 사촌들

홍점알락나비

- **분포** : 전국 · **크기** : 약 4~5cm(앞날개 길이) · **기타** : 뒷날개에 붉은 반점이 있다. 봄에 우화하는 개체는 반점이 없을 수도 있다. 애벌레 등에 난 돌기는 4쌍으로 앞에서 세 번째가 제일 크다.

흑백알락나비

- **분포** : 중남부 지방
- **크기** : 3.5~4.5cm(앞날개 길이)
- **기타** : 날개에 흑백 점과 줄무늬가 있다. 왕오색나비보다 작은 숲 주변에 많이 나타난다. 애벌레 등에 난 돌기는 3쌍이다.

왕오색나비와 만나자!

- 어른벌레는 애벌레가 즐겨 먹는 팽나무 잎 주변에서 자주 보인다. 수액을 분비하는 나무에도 잘 모인다.
- 애벌레는 겨울이 되면 팽나무 뿌리로 내려와 낙엽 아래에서 지낸다. 완전히 건조되지 않는 북쪽 지역을 살펴보면 찾기 쉽다.

찾아보자

◀ **팽나무**
잎 중간 지점부터 끝까지 뾰족뾰족하다.

▲ **홍점알락나비 애벌레**
홍점알락나비류의 애벌레는 '고양이 얼굴'처럼 귀여워 보여서 인기가 많다.

작은녹색부전나비

숲의 보석

한국에는 **약 80종**의 부전나비류가 있다. 이름은 날개 모양이 한복 노리개인 '부전'과 닮았다고 해서 유래되었다. 조개부전은 모시조개 따위의 껍데기 두 짝을 서로 맞추어서 온갖 빛깔의 헝겊을 발라 만든다.

 부전나비

 조개

수컷
아름다운 청록색 날개를 지녔다. 보는 각도에 따라 색깔이 조금씩 변화하는데, 이를 구조색이라고 한다. 이렇게 날개가 아름다운 부전나비류를 '제피루스'라고도 부른다.

암컷
검은 바탕에 청색 무늬를 지녔거나 빨간색 무늬 또는 아무 무늬도 없을 수 있다. 유전에 따라 날개는 개체 차이가 있다.

생물 메모
- **분류** : 곤충강 나비목 부전나비과
- **분포** : 전국
- **크기** : 약 2cm (앞날개 길이)
- **주요 서식지** : 습지, 숲 등
- **생태** : 장마철에 발생하며 애벌레가 즐겨 먹는 오리나무 주변에서 잘 관찰된다. 저녁에는 활발히 움직이고, 낮에는 멈춰 쉴 때가 많다.

귤빛부전나비
- **분포** : 전국
- **크기** : 약 1.6~2.2cm (앞날개 길이)
- **기타** : 오렌지색의 아름다운 제피루스. 잎을 즐겨 먹는 상수리나무나 졸참나무 숲 주변에서 볼 수 있다.

남방부전나비
- **분포** : 전국
- **크기** : 약 1~1.6cm (앞날개 길이)
- **기타** : 가장 쉽게 볼 수 있는 부전나비. 괭이밥을 주로 먹는다.
  ※ 제피루스는 아니다.

작은녹색부전나비와 만나자!

- 작은녹색부진나비가 활발히 움직이는 저녁 시간대에 수컷이 날아다니는 모습을 쉽게 볼 수 있다. **낮에는 즐겨 먹는 나무 가까이에서 가만히 쉴 때가 많다.**
- 장마철에 발생하기 때문에 외출하고 싶지 않을 수도 있다. 하지만 **장마 틈틈이 날씨가 맑을 때 산책하러 나갔다가 딱 마주칠 수도 있다.**

애호랑나비

봄의 덧없는 생명

즐겨 먹는 얼레지. **아직 다른 꽃이 피지 않은 이른 봄에 핀다.** 애호랑나비에게 너무나 고마운 존재.

코트를 입은 듯 **털이 두껍다.** (이른 봄이라도 따뜻해 보인다.)

애호랑나비가 즐겨 먹는 족도리풀류. **심장 모양인 잎과 땅 가까이 꽃이 피는** 특징이 있다.

생물 메모

- **분류** : 곤충강 나비목 호랑나비과
- **분포** : 전국
- **크기** : 약 3~4cm(앞날개 길이)
- **주요 서식지** : 숲
- **생태** : 즐겨 먹는 족도리풀류가 자라고 얼레지나 제비꽃이 피어 있는 밝은 숲을 좋아한다. 하지만 요즘 이런 환경이 사라지면서 서식지가 한정되어 있다.

일본애호랑나비

- **분포** : 일본 중부 지방에서 홋카이도까지
- **크기** : 약 3~4cm(앞날개 길이)
- **기타** : 애호랑나비와 비슷하지만, 일본에서도 분포 지역이 다르다.

■ 일본애호랑나비
■ 애호랑나비

애호랑나비와 만나자!

- 애호랑나비 서식지는 한정되어 있다. 자연 관찰을 계속해 나간다면 언젠가 만날 수 있을지도 모른다.
- 나비 애호가들의 무분별한 채집이 문제가 되므로 서식 정보가 널리 퍼지지 않도록 주의하자.

 ## 봄 요정을 찾아 떠나자!

식물 중에는 이른 봄에 꽃을 피워 열매가 생기면 빨리 잎을 떨어뜨려 다음 봄이 올 때까지 계속 쉬는 생활 주기를 지닌 종류가 있습니다. 예를 들어 누구보다 먼저 회사에 출근해 매우 빨리 업무를 마치고 나서 한가롭게 여유를 즐기는 사람들처럼 말입니다. 이렇게 이른 봄에 피는 꽃들을 초봄 식물(spring ephemeral)이라고 부릅니다. '봄살이 식물'이나 '봄의 요정'이라는 뜻입니다.

곤충 중에도 애호랑나비나 뒤영벌처럼 이런 초봄 식물과 생활 주기가 닮은 종이 있는데, 이들 곤충을 '봄살이 곤충'이라고 부르기도 합니다.

아직 쌀쌀한 2~3월 즈음 먼저 봄을 찾아 산과 들로 나가 보는 것은 어떨까요?

초봄 식물

▲ 복수초

▲ 변산바람꽃

▲ 국화바람꽃

▲ 얼레지

▲ 외대바람꽃

▲ 남방바람꽃

유지매미

여름을 수 놓는 BGM

'지글지글' 하고 우는 소리가 튀김을 할 때 기름이 끓는 소리와 닮아서 유지매미(기름매미)라는 이름이 붙었다고 한다.(다른 가설도 있다.)

날개
갈색 점무늬. 매미류의 날개는 대부분 투명하지만, **유지매미 날개는 불투명하다.**

많은 사람이 정말 싫어하는 **매미 폭탄**. 매미가 다리를 모으고 있으면 죽었다고 판단하는데, 꼭 그런 것은 아니다.

종류별 매미 울음소리가 들리는 시기

7월	8월	9월	10월
털매미 ―찌이―			
	곰매미 샤와샤와		
	유지매미 지글지글		
		저녁매미 카나카나카나	
		민민매미 민-민-민-	
			애매미 츠크츠크호시

털매미부터 시작해 한여름에는 민민매미와 곰매미 울음소리가 들린다. 애매미가 울면 여름이 끝나 간다는 느낌이 든다.

아직 죽고 싶지 않아! 으악 부부부부 마지막 발악 **매미폭탄**

생물 메모
- **분류**: 곤충강 노린재목 매미과 · **분포**: 전국 · **크기**: 약 5~6cm(날개 끝까지 길이) · **주요 서식지**: 공원, 숲 등
- **생태**: 가장 잘 알려진 대형 매미. 성장 정도에 따라 다르지만 애벌레는 2~5년이면 땅 밖으로 나온다. 성충은 애벌레처럼 빨대 모양의 입으로 나무 수액을 빨아 먹으며 사는데, 한 달 만에 죽는다.

유지매미와 만나자!

- 성충은 **울음소리를 듣고 나무줄기를 찾는다**. 수컷의 울음소리를 듣고 암컷이 찾아올 때도 있다.
- 성충이 되는 과정을 보고 싶으면 **낮에 애벌레가 나온 구멍이나 남은 허물을 확인하고, 밤에 그 장소에 다시 가서 관찰하면 좋다.**
- 성충이 되면 나무 높이 올라갈 수도 있다. 계속 지켜보다가 저녁 무렵 나온 애벌레를 **집으로 데려와 창문 철망 등에 붙여 주는 방법도 있다.**

▼ 애벌레가 나온 구멍

찾아보자

알에서 부화한 애벌레는 땅을 파고 들어가 나무뿌리의 수액을 먹으며 자란다. ▶ 성충이 되기 위해 땅에서 나오기 때문에 나무뿌리 근처에 구멍이 많이 보인다.

비단벌레

장식처럼 아름다운 벌레

몸색
비단처럼 색깔이 아름다워서 비단벌레라는 이름이 붙었다.

일본의 나라시에 있는 **비단벌레불상궤(옥충주자)**. 장식에 **비단벌레의 날개**를 박아 넣었다고 한다.
※'옥충'은 비단벌레, '주자'는 문이 달린 불상 보관함을 의미한다.

생물 메모
- **분류**: 곤충강 딱정벌레목 비단벌레과 · **분포**: 전국 · **크기**: 약 3~4cm(몸길이) · **주요 서식지**: 팽나무처럼 높은 곳을 날아다닌다. · **생태**: 몸 전체가 녹색이며 아름다운 붉은색 줄무늬가 있다. 색소가 아니라 구조색이 금속 광택을 내기 때문에 표본으로 만들어도 색이 바래지 않는다. 어른벌레는 팽나무, 느티나무, 벚나무처럼 활엽수 잎을 먹는다.

비단벌레 사촌들

소나무비단벌레
- **분포**: 전국
- **크기**: 약 3~4cm(몸길이)
- **기타**: 소나무나 마른 나무를 먹는다.

검정무늬비단벌레

- **분포**: 전국
- **크기**: 약 0.9~1.3cm(몸길이)
- **기타**: 등에 점이 있다.

비단벌레류는 종수가 아주 많지만, 비단벌레만큼 아름다운 종은 없다.

비단벌레와 만나자!

주로 나무 위 높은 곳에서 날아다녀 잡기가 매우 어렵다. 연구하기 위해 어쩔 수 없이 비단벌레를 잡아야 할 때, 곤충 전문가는 아주 긴 곤충 채집망을 이용한다. 비단벌레는 천연기념물 제496호이고, 현재 멸종 위기 1급 야생 생물이므로 함부로 채집하면 안 된다. 썩은 나무에 알을 낳을 때나 드물게 밑으로 떨어진 개체를 땅에서 볼 수 있다.

▲ **비단벌레**
땅에 떨어진 비단벌레.

장수풍뎅이

점점 작아지고 있다고?

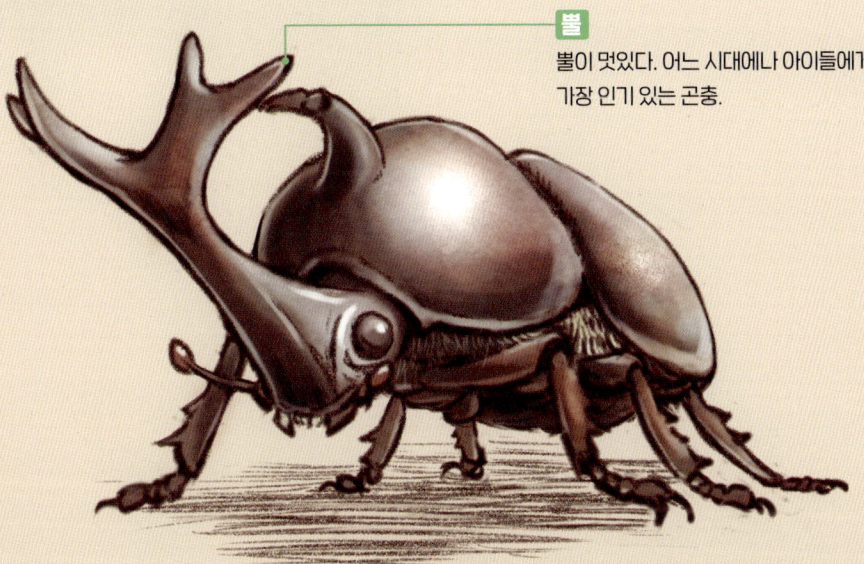

뿔
뿔이 멋있다. 어느 시대에나 아이들에게 가장 인기 있는 곤충.

생물 메모
- **분류** : 곤충강 딱정벌레목 장수풍뎅이과
- **분포** : 전국
- **크기** : 약 3~5cm(뿔을 제외한 몸길이)
- **주요 서식지** : 졸참나무 상수리나무 숲 등
- **생태** : 애벌레는 썩은 나무나 낙엽이 많이 쌓인 흙 속에서 자란다. 다음 해에 번데기나 어른벌레가 되는데, 졸참나무나 상수리나무의 수액을 주로 먹는다.

장수풍뎅이 약 10cm(종령)
풍이 약 4cm(종령)

부엽토 속에는 다른 딱정벌레류도 있다. 장수풍뎅이가 풍뎅이나 풍이의 애벌레보다 크지만, **모습이 비슷해서** 혼동하기 쉽다.

최근에 애벌레들이 **영양 부족으로 작아지고 있다**. 점점 퇴비를 만들지 않는 쪽으로 시골 환경이 변화하고 있기 때문이다.

장수풍뎅이와 만나자!

- 낮에도 보이지만 야행성이어서 밤이나 새벽에 훨씬 찾기 쉽다. 밤에 탐색할 때는 수액이 나오는 장소를 낮에 미리 확인하는 등 안전에 주의해야 한다.
- 숲 주변 퇴비나 부엽토 속을 뒤지면 애벌레를 찾을 수 있다. 다 클 때까지 사육해 보는 것도 재미있다.

찾아보자

▲ 졸참나무 껍질

▲ 상수리나무 껍질

수액이 잘 나오는 졸참나무나 상수리나무 껍질은 울퉁불퉁하다.

애사슴벌레

작지만 멋지다!

뿔
뿔이라고 불리지만 정확히는 **큰 턱이 발달**한 것이다. 암컷은 작다.

생물 메모
- **분류** : 곤충강 딱정벌레목 사슴벌레과
- **분포** : 전국 **크기** : 약 2~5cm(큰 턱을 제외한 몸길이) **주요 서식지** : 졸참나무나 상수리나무 숲 등
- **생태** : 한반도 전역에 서식하는 사슴벌레. 가로등이나 집 불빛, 자동판매기 불빛에 이끌려 모여든다. 애벌레는 썩은 나무속에서 자라는데 1~2년이 지나면 어른벌레가 된다. 어른벌레는 3~4년 동안 산다.

시골의 사슴벌레

사슴벌레
- **분포** : 전국
- **크기** : 약 2~7cm(큰 턱 포함 몸길이)
- **기타** : 머리 뒤쪽이 넓게 늘어나 있다.

톱사슴벌레
- **분포** : 전국
- **크기** : 약 2~7cm(큰 턱 포함 몸길이)
- **기타** : 작은 개체는 뿔 안쪽이 톱처럼 들쭉날쭉 날카롭다.

애사슴벌레와 만나자!

- **야행성**이어서 장수풍뎅이처럼 **수액이 나오는 나무**를 찾으면 발견하기 쉽다.
- 낮에는 나무껍질 틈새나 구멍에 **많이 숨어 있다**.

찾아 보자

▲ 나무 수액을 찾아 모여든 사슴벌레와 장수풍뎅이

▲ 나무껍질 틈새에 숨은 애사슴벌레

거품벌레

풀에 있는 수수께끼의 거품

거품
거품은 건조나 외부의 적으로부터 애벌레를 지켜주는 '**장벽**'.

물장군처럼 **엉덩이 끝으로 호흡한다.**

생물 메모
- **분류**: 곤충강 노린재목 거품벌레과 • **분포**: 전국
- **크기**: 약 1.1cm(흰띠거품벌레)
- **주요 서식지**: 숲이나 풀밭 등
- **생태**: 애벌레는 식물 줄기나 잎에 붙어 즙을 빨아 먹은 다음 거품을 만들어 밖으로 배출한다. 어른벌레가 되면 거품을 만들지 않는다.

거품벌레 사촌들
한국에는 **약 30종**의 거품벌레가 있다. **어른벌레가 되면 눈에 잘 띄지 않는다.**

광대거품벌레
- **분포**: 전국
- **크기**: 약 0.8cm (몸길이)
- **기타**: 몸이 동그랗다.

흰띠거품벌레
- **분포**: 전국
- **크기**: 약 1.1cm(몸길이)
- **기타**: 날개에 하얀 줄이 있다.

텐구거품벌레
- **분포**: 일본 혼슈, 시코쿠, 규슈
- **크기**: 약 1cm(몸길이)
- **기타**: 코가 길쭉한 일본 요괴 '텐구'처럼 앞부분이 뾰족하다.

거품벌레와 만나자!

- 봄에서 여름까지 숲길을 걷다 보면 풀이나 키 작은 나무줄기에서 거품벌레의 흰 거품이 눈에 띈다.
- 거품 안에 애벌레가 있는지 살짝 늘여다보는 것도 재미있다.

▲ 애벌레의 거품

쉽게 설명하면 애벌레의 '오줌' 같은 것이지만, 나무 수액으로 만든 것이기 때문에 그렇게 더럽지는 않다.

거위벌레 잎사귀 롤 장인

거위벌레
- 분포 : 전국
- 크기 : 약 0.8~0.9cm(몸길이)
- 기타 : 상수리나무, 졸참나무, 물참나무, 오리나무 등의 잎을 돌돌 만다.

풀어지지 않도록 끝을 막는다.

잎사귀를 풀면 안에 알이 들어 있다. 애벌레는 잎을 먹으며 자란다.

생물 메모
- 분류 : 곤충강 딱정벌레목 거위벌레과
- 분포 : 전국
- 크기 : 종별로 다양하다.
- 주요 서식지 : 숲
- 생태 : 잎을 말아 그 속에 알을 낳는다. 잎을 말아 만든 요람을 떨어뜨리는 종과 떨어뜨리지 않는 종이 있다.

거위벌레 사촌들

검정날개거위벌레
- 분포 : 전국
- 크기 : 약 0.4~0.5cm(몸길이)
- 기타 : 가장 흔한 거위벌레

알락거위벌레
- 분포 : 전국
- 크기 : 약 0.7cm(몸길이)
- 기타 : 점무늬가 있다. 거위벌레류이지만 요람을 만들면 떨어뜨리지 않는다.

거위벌레와 만나자!

새로운 요람에는 **알**이 들어 있고, 애벌레가 나간 **바싹 마른 요람**에는 **애벌레 똥**이 들어 있다. 다양한 거위벌레와 요람을 관찰해보면 재미있다.

▲ **떨어뜨리는 종**
거위벌레는 요람을 떨어뜨리는 종과 떨어뜨리지 않는 종이 있다.

▲ **떨어뜨리지 않는 종**
대죽나무배거위벌레처럼 잎의 단단함 정도에 따라 요람을 떨어뜨릴지 말지 결정하는 종도 있다.

광대노린재

비단벌레만큼 아름답다

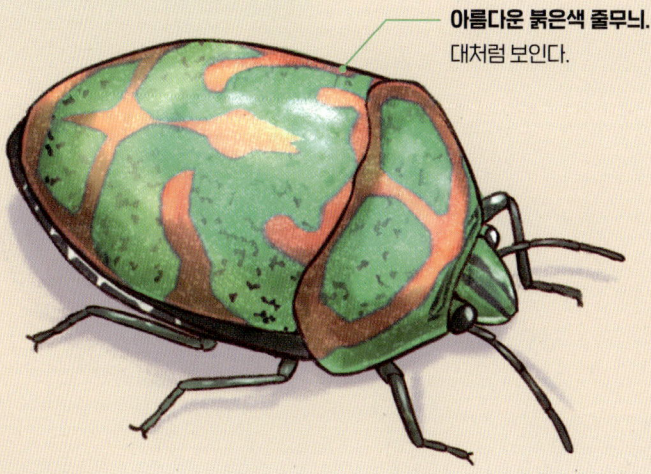

아름다운 붉은색 줄무늬. 예쁘게 꾸민 광대처럼 보인다.

생물 메모

- **분류**: 곤충강 노린재목 광대노린재과 **분포**: 전국
- **크기**: 약 2cm(몸길이)
- **주요 서식지**: 숲 등
- **생태**: 녹색 광택이 나며 붉은 무늬가 아름답다. 다양한 활엽수 잎과 과실즙을 주로 먹는다. 가을에는 애벌레가 집단을 이루어 잎사귀 뒷면에 붙어 있기도 한다.

노린재는 **종류가 많다.** 하지만 정말 냄새가 지독한 노린재는 그렇게 많지 않다.

썩덩나무노린재
- **분포**: 전국
- **크기**: 약 1.5cm(몸길이)
- **기타**: 썩은 냄새를 풍기는 대표 종. 집 안으로 들어올 때가 많다.

노랑배허리노린재
- **분포**: 전국
- **크기**: 약 1.4~1.7cm(몸길이)
- **기타**: 풋사과처럼 상큼한 향기가 특징이다.

광대노린재와 만나자!

- 애벌레나 번데기는 **귤과 나무**(귤나무, 유자나무, 초피나무 등)**를 살펴보면** 찾을 수 있다.
- 어른 나비는 풀밭이나 나무가 우거진 정원처럼 **밝은 장소**에서 날아다니거나 **꽃의 꿀**을 빨고 있다.

찾아 보자

▲ **에사키뿔노린재**
에사키뿔노린재가 알을 지키고 있다. 노린재는 새끼를 돌보는 종류가 많다.

▲ **5령 애벌레 광대노린재**
광대노린재는 5령 애벌레 상태로 겨울을 난다. 어른벌레와 겉모습이 전혀 다르다.

민물 비단게

바다에서 육지로 진화

게는 십각목에 속하며, 다리가 10개이다. (이 가운데 2개는 집게다리.)

먹이를 집을 때 편리한 큰 집게.

생물 메모

- **분류** : 연갑강 십각목
- **크기** : 약 2~3cm(등껍질 길이)
- **주요 서식지** : 숲, 계곡 등
- **생태** : 육지에서 보이는 게류의 대표 종. 물에 들어가지 않아도 아가미가 젖어 있으면 호흡할 수 있다. 잡식으로 조류(藻類)나 지렁이 사체 같은 다양한 먹이를 먹는다.

배딱지

벌컥

알이나 새끼 게

게의 '**배딱지**'. 이 부분을 열면 **알과 작은 새끼 게**가 들어 있기도 하다.

잡식성으로 무엇이든 잘 먹는다. 동물의 사체도 먹기 때문에 생태계 청소부 역할도 맡고 있다.

살아 있는 것에만 반응한다.

와구와구

민물 비단게와 만나자!

- 물이 빠르게 흐르는 강이나 깊은 연못보다 물이 조금씩 솟아나는 듯한 산지의 계곡에서 찾기 쉽다.
- 낮에는 바위 그늘에 많이 숨어 있다. 바위 뒤집기는 게뿐만 아니라 생물을 찾는 기본적인 방법 중 하나이다.

찾아 보자

◀ 민물 비단게
육지에 있을 때도 많다. 아가미가 젖으면 호흡할 수 있다.

5장
생물과 함께 살아가는 방법

시골 마을의 다양한 문제

"옛날 옛적에 할아버지가 산에 나무하러……."
이렇게 시작하는 동화가 있습니다. 이때 '나무하다'라는 말은 '나무를 베거나 주워 모으다'라는 뜻으로, 산속에서 작은 나무를 베거나 떨어진 나무를 주워 오는 것을 말합니다.
요즘 세대는 '나무하다'라는 말의 의미를 제대로 아는 사람이 드물지 않을까요?

▲ 나무하기

이렇게 옛날 시골 마을에서는 작은 나무를 모아 땔감으로 쓰거나 굵은 나무를 베서 목재로 썼습니다. 그리고 떨어진 잎을 주워 퇴비를 만들거나 풀을 베서 가축의 사료로 먹이는 등 자연을 잘 이용해 왔습니다. **사람이 자연에 적당히 손을 댐으로써 시골 마을의 자연환경은 살짝 교란되었다가 재생되며 일정한 상태를 이어 왔다**고 볼 수 있습니다.

▲ 시골 마을의 다양한 자연 자원

하지만 현대에 들어와 값싼 외국산 목재의 수입과 화석 연료의 보급, 농업과 임업의 일손 부족 등으로 **주변의 자연 자원을 거의 이용하지 않으면서 시골 마을의 자연이 변화하고 있습니다.**

이 외에도 현재 시골 마을은 고령화, 저출산, 농경지 축소 정책, 무분별한 개발, 외래 생물 침입과 증가 등으로 예전과는 상당히 다른 모습으로 변했습니다.

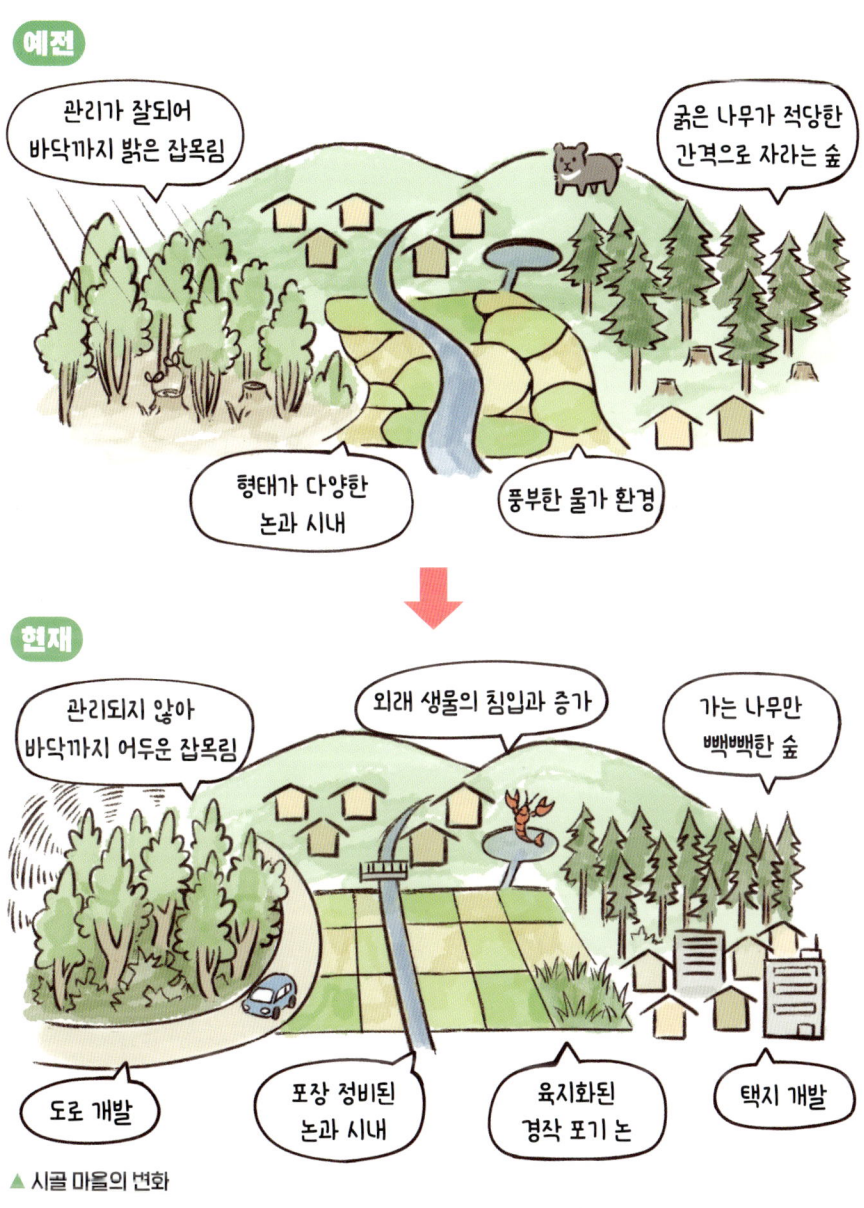

▲ 시골 마을의 변화

이러한 시골 마을의 변화는 다양한 문제를 일으키고 있습니다. 이번 장에서는 이런 문제들에 관해 소개하려고 합니다.

마을과 생물의 문제 ①
농작 포기로 인한 멸종 위기종 발생

멸종 위기 생물은 대부분 시골 마을에 살고 있습니다. 하지만 인구 감소와 고령화가 심해지고 경작을 포기한 지역이 늘어나면서 개구리는 산란 장소를 잃어 버렸고, 개구리가 줄자 개구리를 즐겨 먹던 왕새매 같은 맹금류도 모습을 감춰 버렸습니다. 또한 **시골 마을의 나비도 대부분 '멸종 위기' 수준까지 감소했습니다.** 그 원인은 사람이 시골의 자연을 예전처럼 돌보지 않아 자연이 황폐화됐기 때문입니다.

● **개체수가 감소한 시골 마을 생물들**

◀ 송사리(p72)
논이나 시내에서 아주 흔하게 볼 수 있었던 작은 물고기. 하천 정비로 개체수가 급격히 감소했습니다.

▲ 왕오색나비(p99)
수액이 많이 나오는 오래된 잡목림이 줄어들면서 감소하는 추세입니다.

▲ 왕새매(p62)
시골 마을을 대표하는 매. 잡목림이나 논과 가까운 골짜기에 많이 서식하며 특히 개구리를 주로 먹습니다.

▲ 애반딧불이(p75)
초여름 시골 마을의 경치를 대표하는 곤충이지만, 먹이인 다슬기가 사는 시내가 줄어들면서 반딧불이를 볼 수 있는 장소도 손에 꼽게 되었습니다.

▲ 멧토끼(p91)
"산토끼, 토끼야. 어디를 가느냐~♪"라는 동요로 친숙한 야생 도끼. 풀밭 환경이 줄어들면서 멧토끼도 감소하는 추세입니다.

◀ 북방산개구리(p67)
평소에는 나무에 서식하지만, 산란기가 되면 논 같은 물웅덩이로 내려와 알을 낳습니다.

● 논의 경작 포기

After(후)
몇 년 만에 육지화가 진행되어 풀이 우거지고 작은 나무가 자라는 등 전혀 다른 환경으로 변합니다. 풀밭이나 작은 나무를 찾는 생물이 늘어나지만, 물가에 살던 생물이 감소하고 이를 잡아먹는 매와 뱀도 보이지 않게 됩니다.

Before(전)
개구리나 물고기, 물가 곤충 등의 서식 장소로 이들을 잡아먹는 매나 뱀이 모였습니다.

● 황폐해진 잡목림

After(후)
사람이 돌보지 않는 잡목림은 나무가 점점 자라나 빽빽합니다. 그러면 햇빛이 바닥까지 닿지 않아 숲이 어둡고 울창해집니다. 그리고 조릿대가 자라면서 다른 식물이 자랄 수 없는 단조로운 숲 하층부가 형성됩니다. 덤불을 좋아하는 생물은 일부 늘어나지만, 전체적인 생물의 다양성은 감소합니다. 숲 바닥이 조릿대로 덮이면 사람도 들어갈 수 없어 숲을 가꾸기가 더 힘들어지는 악순환에 빠집니다.

Before(전)
사람이 적절히 돌본 잡목림은 바닥까지 햇빛이 들어 제비꽃이나 얼레지 같은 꽃이 피었습니다. 그리고 잘 가꾼 나무에서는 수액이 잘 나와 나비나 장수풍뎅이 같은 곤충이 모여들었습니다.

그리고 이후 설명할 외래 생물의 침입과 인간의 개발 행위, 과도한 포장 정비 등도 시골 마을 생물을 멸종 위기로 빠뜨리는 원인입니다.

마을과 생물의 문제 ②
마을에 출몰하는 생물들

🔺 마을에 출몰하는 곰

● 잇따른 '곰 출몰' 뉴스

곰은 원래 깊은 산속에 사는 동물이라 사람이 사는 마을에 출몰하는 일이 그다지 많지 않습니다. 하지만 최근에는 텔레비전이나 신문에 곰이 마을에 출몰했다는 뉴스가 가끔 나오고 있습니다.

마을에 나타난 곰은 농작물을 망가뜨립니다. 때로는 사람을 공격해 상처를 입히는 위험한 동물이기도 합니다. 그런 상황에서는 어쩔 수 없이 곰을 죽일 수밖에 없습니다. 하지만 한편으로 곰은 각지에서 지역 개체군이 완전히 사라질 위험에 처해 있고, 생태 피라미드 정점에 자리하는 귀중한 동물입니다.

어떻게 하면 곰이 마을로 내려오지 않게 만들고, 곰과 사람 사이에 발생하는 문제를 줄일 수 있을지 깊이 고민해야 합니다.

● 곰의 생태

곰은 기본적으로 겁이 많은 동물입니다. 이야기하며 걸어가거나 방울 소리가 들리면 먼저 알고 멀리 도망가기 때문에 좀처럼 만날 수가 없습니다.

한반도에서 볼 수 있는 곰 2종

◀ 반달가슴곰
지리산에 서식하는 곰. 몸길이 1.1~1.5m 정도. 가슴에 초승달 모양의 하얀 무늬가 있어 '반달가슴곰'이라는 이름이 붙었다. (무늬가 없는 개체도 있다.)

▲ 불곰
몸길이 2~2.8m 정도로 반달가슴곰보다 훨씬 크고 위험하다.

그렇다면 왜 곰이 마을에 출몰하게 되었을까요? 원인은 다음과 같습니다.

원인 1. 시골 환경의 변화가 곰을 민가 가까이 내려오게 만들었다.

곰은 원래 깊은 산속에 사는 동물입니다. 시골 마을은 사람과 야생 동물의 경계 지대가 되어 곰이 민가에 출몰하는 일은 좀처럼 없었습니다. 그런데 시골의 자연환경이 황폐화되자 곰이 안심하고 민가까지 내려오게 된 것입니다.

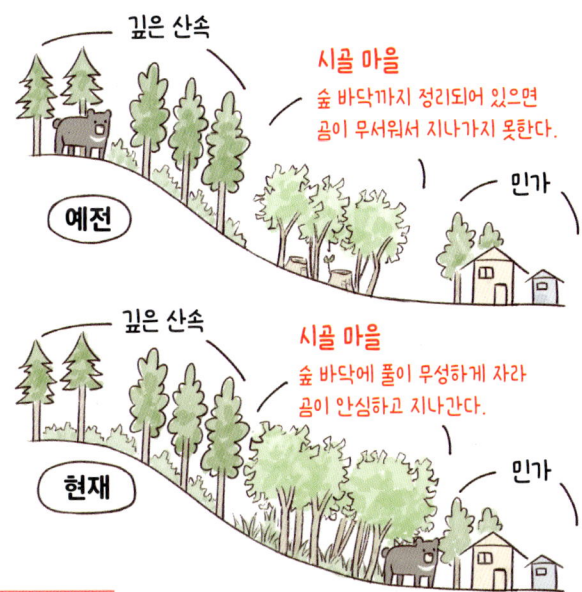

원인 2. 산열매가 많이 열리지 않아 먹이가 부족하다.

곰에게 가을은 겨울잠을 자기 전에 '많이 먹어 비축'해 두어야 하는 중요한 시기입니다. 그런데 가을에 곰이 좋아하는 먹이인 도토리가 풍작인 해도 있고 거의 열리지 않는 해도 있습니다. 그래서 열매가 부족한 해에는 곰이 먹이를 찾아 민가로 내려오는 일이 많습니다.

원인 3. 민가에는 맛있는 먹이가 많다.

산에 열매가 많이 열린 해에도 곰이 민가에 출몰합니다. 그 원인 중 하나는 바로 민가 주변의 농작물이나 과일나무, 사람이 먹다 남긴 음식 찌꺼기 등의 맛을 알아 버렸기 때문입니다. 곰은 도토리를 좋아하지만 의외로 미식가입니다.

실제로 한 번이라도 민가에 내려와 맛있는 먹이를 먹은 곰은 같은 장소에 계속 나타납니다.

원인 4. 사람이 더는 곰을 사냥하지 않는다.

사람이 야생 동물을 사냥하지 않자 곰이 더는 사람을 두려워하지 않게 되었습니다.

마을과 생물의 문제 ③
논과 생물의 관계

논은 **시골 마을을 대표하는 물가 환경**으로 어류나 양서류, 그들을 잡아먹는 조류의 **중요한 서식지**입니다. 또한 논은 햇볕이 내리쬐면 쉽게 따뜻해지고, 얕은 물이 고여 있어 **송사리나 붕어의 산란 장소**가 됩니다. 평소 숲에 살던 산개구리도 논에 물이 차면 이때다 싶어 알을 낳으러 내려옵니다. 논이야말로 이들 생물에게 **'생명의 요람'**인 것입니다.

	1월	2월	3월	4월	5월	6월	7월	8월	9월	10월	11월	12월
벼농사				물대기 모심기		이삭이 나옴 중간 물떼기			물떼기 벼 베기		볏단 말리기 탈곡	
생물		산개구리 산란			송사리 및 붕어 논에서 산란			고추좀잠자리 산에서 내려옴		기러기나 고니 날아옴		

※ 벼농사 작업 시기는 지역에 따라 다릅니다.
▲ 벼농사 주기와 생물 주기(예시)

하지만 요즘은 경제성과 효율성을 추구하는 포장 정비로 인해 환경이 변하면서 생물들이 살기 힘들어졌습니다.

※ 포장 정비: 논의 구획을 정리하거나 수로를 정비하는 등 적은 노동력으로 높은 생산성을 얻기 위해 농지를 개량하는 일.

▲ 포장 정비 전후의 논: 정비 후 생물들이 논과 **수로** 사이를 자유롭게 왕래할 수 없게 되었습니다.

요즘은 인구 감소와 고령화가 심각해 **농사의 효율을 높이는 것도 매우 중요**합니다. 하지만 **조금만 고민한다면 생물들과 함께 살기 좋은 환경을 충분히 만들 수 있습니다.**

● 생물을 배려하는 친환경 논

▲ **물고기 길**
물고기가 수로를 따라 논으로 이동할 수 있도록 만든 길. 위 사례는 계단식이어서 물고기가 계단마다 쉬면서 올라갈 수 있습니다.

▲ **경사면 계단**
수로에 떨어진 개구리나 도마뱀 같은 작은 동물이 탈출할 수 있는 계단입니다.

▲ **웅덩이**
논의 물을 뺄 때 물고기가 피난하는 곳입니다.

▲ **생물을 배려하는 친환경 제방 설비**
수로에 제방을 설치할 때 수로 바닥을 자연 그대로 남겨 두면 모래나 진흙, 작은 돌이 쌓여 조개나 물풀이 살아갈 수 있습니다. 하천과 연결된 웅덩이는 물고기의 쉼터가 됩니다.

마을과 생물의 문제 ④
생태계를 교란하는 외래 생물

외래 생물이란?

외래 생물이란 원래는 그 지역에 서식하지 않았으나 사람이 다른 지역에서 들여온 생물을 말합니다. 외래 생물은 다양한 방식으로 국내에 들어옵니다. 애완동물로 들여와 끝까지 돌보지 않고 버려진 생물뿐만 아니라 의도하지 않았는데 화물에 섞여 운반되거나 구두 바닥에 묻혀 온 씨앗이 원래 분포하지 않은 지역에서 발아해서 정착할 수도 있습니다.

자신을 지키기 위해 사람을 공격합니다.

재래 생물을 잡아먹습니다.

재래 생물과 교배해 잡종 개체가 태어납니다.

밭의 작물을 먹어 치웁니다.

▲ 외래 생물이 일으키는 다양한 문제

모든 외래 생물을 막을 수는 없습니다. 실제로 많은 외래 생물은 정착하지 못하고 죽어 가지만, 때로는 우리 자연에 잘 적응해 개체수가 증가하면서 다양한 문제를 일으키는 종류도 있습니다.

환경부에서는 '생물다양성법'에 따라 국내에 들어왔을 때 우려되는 외래 생물을 '유입주의 생물'로 지정하고 있습니다. 그중에서도 '생태계 교란 생물'은 황소개구리, 뉴트리아, 큰입배스, 블루길, 가시박, 돼지풀, 붉은귀거북 등으로 허가 없이 운반하거나 키우기만 해도 법을 어기는 일입니다. 자기도 모르게 법을 어기는 일이 없도록 대표적인 '생태계 교란 생물'은 기억해 두면 좋겠습니다.

외래 생물은 반입 금지, 방출 금지, 확산 금지

외래 생물은 나쁘다고 여기기 쉽지만, 사실은 외래 생물도 사람이 제멋대로 들여온 것입니다. 생태계를 보호한다는 이유로 무고한 생명을 죽이면 안 된다는 사람도 많습니다. 외래 생물로 인한 피해가 더 확대되지 않고 불행한 외래 생물을 늘리지 않기 위해서라도 우리가 꼭 지켜야 할 3가지 원칙을 소개합니다.

외래 생물 '3원칙'

1. 반입 금지
원래 장소에서 다른 지역으로 외래 생물 반입하지 않기.
가장 중요한 사항! 반입하지 않으면 아무런 문제가 일어나지 않습니다.

2. 방출 금지
키우거나 기르던 외래 생물 방출하지 않기.
(방생과 유기 포함.)
키우지 못하게 된 애완동물을 야생에 풀어 주는 것은 배려가 아닙니다. 마지막까지 잘 돌보는 것이야말로 키우는 사람이 가져야 할 최소한의 의무입니다.

3. 확산 금지
이미 야외에 있는 외래 생물을 다른 지역으로 확산시키기 않기.
이미 환경에 정착한 외래 생물은 더 이상 확산되지 않게 해야 합니다. 국내에 들어온 지 얼마 안 된 생물은 모두 죽을 확률이 높지만, 시간이 길어질수록 적응합니다.

야생 생물을 잡거나 분양받거나 키울 때는 외래 생물인지 아닌지 확인하고, 만약 외래 생물이라면 이 3원칙을 기억해야 합니다. 만약 그것이 **생태계 교란 생물이라면 바로 지방 환경청 등 해당 관공서**에 신고해야 합니다.

외래 생물 미니 도감

여기에서는 시골 마을에서 볼 수 있는 대표적인 외래 생물을 소개합니다.

생태계 교란 생물 **황소개구리** 식용으로 들여왔지만 그다지 유행하지 않았어요.

- 분류: 양서강 무미목 개구리과
- 원산지: 북아메리카
- 경위: 식용으로 들여왔다.
- 영향: 같은 개구리류를 포함한 재래 생물을 잡아먹고 다른 개구리류와 경쟁한다.

미국가재 황소개구리 먹이로 같이 들여왔어요.

- 분류: 갑각강 십각목 가재과
- 원산지: 북아메리카
- 경위: 외래 생물인 황소개구리의 먹이로 함께 들여왔다.
- 영향: 물가 식물이나 재래 생물을 먹고, 재래 생물과 경쟁한다.

생태계 위해 우려 생물 **라쿤** 실제 라쿤은 만화에서처럼 귀엽지만은 않아요.

- 분류: 포유강 식육목 미국너구리과
- 원산지: 북아메리카
- 경위: 국내에 수입해서 애완용 또는 전시 관람용으로 사육하고 있다. 개인 사육장을 탈출하거나 흉포한 성질로 인해 버려지면 야생 동물이 될 위험이 있다.
- 영향: 너구리 같은 재래 생물과 경쟁하거나 잡아먹고, 농작물을 해치거나 문화재를 파손하는 등 다양한 문제가 발생할 수 있다.

생태계 교란 생물 **큰입배스** 큰 입으로 뭐든지 잡아먹어요.

- 분류: 조기강 농어목 검정우럭과
- 원산지: 북아메리카
- 경위: 낚시와 식용으로 들여와 전국에 퍼졌다. 작은입배스와 함께 블랙배스 혹은 배스라고 부른다.
- 영향: 물속 재래 생물을 잡아먹고 경쟁한다. 물가에 떨어진 새를 잡아먹은 사례도 있다.

큰금계국 보기에는 코스모스처럼 아름다워서 외래 식물이라는 걸 알아차리기 어려워요.

- 분류: 목련강 국화목 국화과
- 원산지: 북아메리카
- 경위: 관상용·조경 식물로 들여와서 전국에 정착함.
- 영향: 재래 식물과 경쟁함.

[생태계 교란 생물] 붉은귀거북 야생에서 가장 흔히 볼 수 있는 거북이지만 외래 생물이에요.

- 분류: 파충강 거북목 늪거북과
- 원산지: 북아메리카
- 경위: 애완동물로 들여왔지만 돌보지 못하고 자연에 풀어 주는 사례가 많았다.
- 영향: 물가 재래 생물을 잡아먹고 경쟁하며 연꽃이나 순채 등의 농작물에도 피해를 준다.

물상추 물 위에 뜬 상추 같은 수초예요.

- 분류: 백합강 천남성목 천남성과
- 원산지: 남아메리카
- 경위: 관상용으로 들여왔다.
- 영향: 재래 수생 식물과 경쟁하고 수질을 떨어뜨리며 물속 산소 농도를 낮춘다.

왕우렁이 물생물 알로 보이지 않는 분홍색 알을 낳아요.

- 분류: 복족강 고설목 사과우렁이과
- 원산지: 남아메리카
- 경위: 식용, 농가 부업으로 들여왔다.
- 영향: 논의 잡초 제거를 기대했지만, 벼 이삭까지 먹어 치워 문제가 되고 있다. 연꽃이나 토란, 골풀 등 농작물에도 피해를 준다.

마을과 생물의 문제 ⑤
개발로 인한 서식지 분단과 소실

사람은 옛날부터 풍요롭게 살기 위해 자연을 개발해 왔습니다. 특히 시골의 자연환경은 사람이 가까이 살면서 자주 개발의 대상이 되었습니다.

경제 성장기 같은 대규모 골프장 개발이나 주택지 개발, 도로 개발은 줄어들었지만, 사람이 살아가는 데 필요한 개발은 여전히 계속되고 있습니다. 개발이 자연에 미치는 영향은 다음과 같습니다.

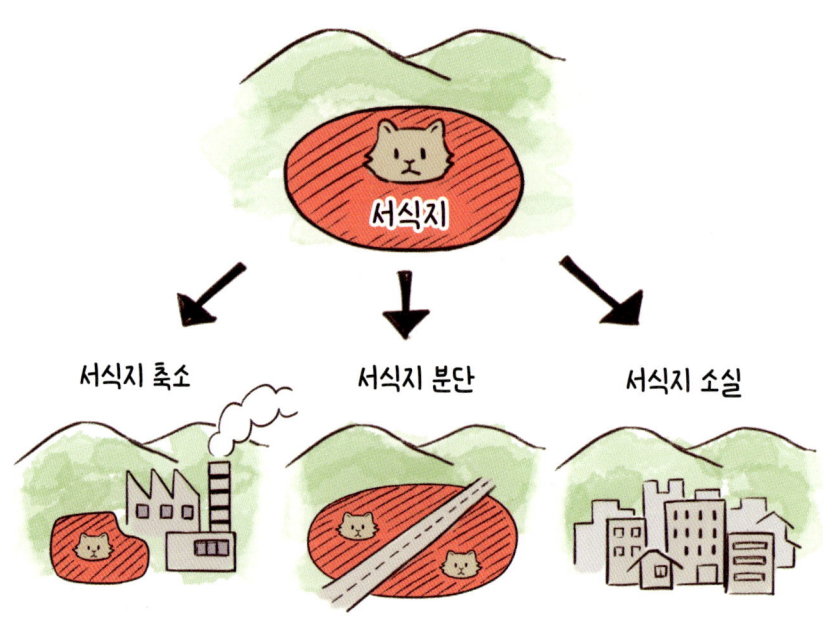

▲ 서식지 소실 및 분단

사람도 생물이기 때문에 **살아가려면 지구의 자원이 필요**합니다. 그래서 어쩔 수 없이 시골의 자연환경을 개발해야 하는 경우도 있습니다. 하지만 자연에 나쁜 영향을 주지 않도록 최대한 노력해야 할 사항을 '**환경영양평가법**'이라는 법률로 정해 놓았습니다. 환경영양평가법에는 "**개발이 필요하다면 환경에 미치는 나쁜 영향을 줄이거나 보상하는 방안을 마련해야 한다.**"라고 나와 있습니다. 그렇다면 야생 생물을 배려하는 구체적인 방법은 무엇일까요?

생태 통로

야생 생물이 도로를 건너다 죽지 않도록 도로 주변에 울타리를 치고 동물들이 다닐 수 있는 통로를 만듭니다.

육교 생태 연결 통로
나무 위에서 살아가는 동물용

▲ 생태 통로 사례

지하 생태 연결 통로
중형이나 대형 포유류부터 거북이나 개구리 등 소형 동물들이 이용한다.

비오톱

비오톱은 그리스어로 생명을 의미하는 비오스(bios)와 땅을 의미하는 토포스(topos)가 결합된 말로, 다양한 **'생물종의 서식 장소'**를 의미합니다. 개발로 인한 생태계 피해를 줄이기 위한 대체 방안이지요. 그러나 외래 생물 역시 비오톱에 접근할 수 있습니다. 또한 비오톱은 인공적인 자연환경이므로 초기 단계에는 잡초를 베어 주거나 외래 생물을 제거하며 사람이 돌봐 주어야 합니다.

▲ 비오톱

마을과 생물의 문제 ⑥
너무 많이 늘어난 야생 동물: 사슴과 멧돼지

🔺 사슴과 멧돼지가 너무 많아졌다고?

멸종 위기종과 반대로 개체수가 너무 많이 늘어난 야생 동물도 문제입니다. 최근 우려되는 동물은 사슴입니다. 멧돼지도 개체수가 늘어난 종으로 주목받고 있습니다. 왜 이렇게 개체수가 늘어나게 되었을까요?

정확한 원인은 밝혀지지 않지만, 시골을 떠나는 사람이 많아지자 마을 주변이나 민가 가까이로 서식지를 넓혔을 수 있습니다. 그리고 사슴이나 멧돼지를 사냥하는 사람이 줄고, 온난화로 겨울에 사망하는 다른 개체가 감소한 것도 이유일 것입니다.

🔺 무엇이 문제일까요?

사슴은 어린 나무의 가지나 잎을 즐겨 먹습니다. 사슴 수가 적으면 문제가 되지 않지만, 현재 사슴 수가 너무 늘어나 산림의 하층부(숲 바닥)에 서식하는 식물을 모두 먹어 치우고 있습니다. 그렇게 되면 이 식물을 먹고 살아가던 곤충이 사라지고, 사슴이 싫어하는 식물과 먹지 못하는 키 큰 나무만 남아 생태계가 단조로워집니다. 그뿐만 아니라 사슴이 나무껍질도 먹기 때문에 나무 자체가 말라 버릴 수도 있습니다.

멧돼지는 농작물 피해를 일으키는 대표적인 종입니다. 농업이 시작된 이래 멧돼지로 인한 농작물 피해가 커지자 다양한 대책을 마련해 왔습니다. 하지만 최근 들어 멧돼지가 너무 많이 늘어나 지금까지의 대책으로는 멧돼지를 막을 수 없게 되었습니다. 도시에 멧돼지가 출몰했다는 뉴스도 종종 나옵니다. 멧돼지는 원래 겁이 많지만 흥분하면 어금니로 사람을 들이박을 수도 있으므로 조심해야 합니다.

숲 바닥에서 자라나는 식물을 먹어 치웁니다.

농작물 피해를 일으킵니다.

⚠️ 어떻게 해야 할까요?

이처럼 야생 동물은 너무 극단적으로 늘어나도 문제가 됩니다. 그렇다면 어떻게 해야 할까요? 사람은 피해를 줄이기 위해 울타리를 설치하거나 그물을 쳐서 나무를 보호하고, 동물을 위협해 마을에서 쫓아냈습니다.

피해 대책 사례

나무를 그물로 싸서 지킨다.

나무를 그물로 감싸 두면 사슴이 나무껍질을 먹거나 뿔로 비비지 못합니다. 모든 나무를 감싸기는 힘들지만, 이미 피해를 입은 나무를 그대로 두면 사슴을 유인할 수 있습니다.

울타리로 농작물을 지킨다.

건드리면 전기가 통하는 울타리도 있습니다. 사람이 만져도 찌릿할 정도로 아프니 시골 밭 주변에서 전기 울타리를 보면 조심해야 합니다.

하지만 근본적인 해결을 위해서는 역시 너무 많이 늘어난 야생 동물 수를 줄여야만 합니다. 어림잡아 내충 잡아들이기보다 ==계획적으로 개체수를 줄여 나가는 것이 중요합니==다. 귀한 생명을 헛되이 버리지 않도록 사슴 고기를 가공식품으로 만들거나 판매하는 방법도 고려해야 합니다.

우리가 할 수 있는 일

최근 시골 자연환경의 중요성에 관심이 집중되고 있습니다. 그리고 시골이 안고 있는 여러 가지 문제, 즉 인구 감소와 고령화, 멸종 위기종 보호와 그에 따른 농작물 피해 등도 많은 사람이 알게 되었습니다. 시골에 닥친 어려움에 공감하며 **"우리가 할 수 있는 일이 없을까?"** 하고 힘을 보태려는 사람들도 생겨났습니다.

시골에 가서 **농사 체험**을 해 보면 어떨까요? 아니면 매일 **일상에서 지역 농산물을 소비하는 것**도 시골의 논밭을 지키는 데 큰 힘이 됩니다.

시골의 자연환경을 이해하고 싶다면 **자연 관찰 모임에 참여하는 방법**도 있습니다. 어떤 지역에나 다양한 비영리 단체(NPO) 및 시민 단체에서 개최하는 자연 관찰 모임이 있습니다. 대부분 참가비도 보험 비용 정도만 내면 되니 남녀노소 누구나 쉽게 참가할 수 있습니다. 이렇게 자연 관찰 모임에 계속 나가다 보면 어느새 생물들에 관해 척척박사가 될 것입니다. 그리고 자신이 아는 사실을 주변에 설명하다 보면 많은 사람이 따르게 되고, 자연스럽게 자연 관찰 모임을 이끄는 역할을 할 수도 있습니다.

만약 아직 시골에 가 보지 못했다면, 어렵게 생각하지 말고 **일단 시골로 나들이를 간다는 기분으로 떠나 보기**를 권합니다. 곤충도 채집하고, 사진도 찍고, 새도 관찰하고, 첨벙첨벙 물놀이에 시골길 산책까지, 시골은 재미있고 흥미로운 일이 가득합니다.

현재 도입이 논의되고 있는 고향세 제도는 개인이 고향에 기부하면 세금의 일부 또는 전부를 공제해 주는 제도입니다. 기부에 대한 부담을 줄여 주어 지역이 균형 있게 발전하도록 도와줍니다.

맺음말

이 책을 끝까지 읽어 주셔서 정말로 감사합니다.

이 책에서 다루는 생물은 시골에서 볼 수 있는 많은 생물 중 극히 일부입니다. 시골에 자주 간다면 작은 가방에 쏙 들어가는 야외용 도감이 있으면 편리하겠지요. 요즘은 전자책 도감도 많이 나와 있어 스마트폰만 있으면 충분할지도 모르겠습니다.

생물을 관찰할 때 '시골'은 초심자부터 상급자까지 폭넓게 즐길 수 있는 최고의 장소입니다. 반면 '깊은 산'은 원시적인 자연이 펼쳐져 시골보다 신기한 생물을 발견할 확률은 높지만 정비되지 않은 길을 많이 걸어야 하고, 야생 생물도 경계심이 심해 좀처럼 다가오지 않아서 관찰하기가 상당히 어렵습니다. 저는 새를 보기 위해 시골에 자주 다니는 편인데, 지역에 따른 차이는 있지만 볼 수 있는 새 종류가 깊은 산보다 시골에 더 많은 것 같습니다. 그 이유는 시골의 환경이 모자이크처럼 매우 다양하기 때문입니다.

저는 생물 전문가지만 아직 부족한 면이 많습니다. 이쪽 세계에는 저보다 지식과 경험이 풍부한 대단한 전문가도 많이 계시고, 제가 이렇게 책을 쓰기는 했지만 아직 모르는 것투성이입니다. 이번에 고카 선생님께서 감수를 봐 주셔서 겨우 책을 완성할 수 있었습니다.

저는 이 일이 제가 평생을 바칠 분야라고 생각합니다. 그래서 체력이 닿는 한 야생 생물 조사를 계속해 나가고 싶습니다. 이 책을 읽은 여러분과도 언젠가 자연에서 만날 수 있기를 기대합니다.

마지막까지 함께해 주셔서 감사합니다.

찾아보기

ㄱ

개미귀신	50
거위벌레	108
거품벌레	107
검정날개거위벌레	108
검정무늬비단벌레	104
게아재비	80
겐지반딧불이	75
고추좀잠자리	77
광대거품벌레	107
광대노린재	109
구렁이	64
귤빛부전나비	100
꽃사슴	89
꿩	61

ㄴ

날다람쥐	29
남방부전나비	100
남생이	63
너구리	28
넓적배사마귀	82
노랑배허리노린재	109
논병아리	58

ㄷ

도마뱀붙이	43
도마뱀	44
동박새	38
된장잠자리	79
두꺼비	45
두더쥐	30
딱새	39
때까치	40

ㅁ

먹줄왕잠자리	78
멧돼지	90
멧밭쥐	56
멧비둘기	34
멧토끼	91
무당벌레	49
물까치	95
물장군	80
물총새	59
미꾸리	71
민물 비단게	110
밀잠자리	76

ㅂ

박새	37
배추흰나비	46
버들피리	70
북방산개구리	67
붉은귀거북	63
붉은배영원	66
붕어	73
비단벌레	104

ㅅ

사슴벌레	106
산청개구리	98
새매(암컷)	94
섬서구메뚜기	81
소금쟁이	80
소나무비단벌레	104

131

솔개	42	줄몰개	70
솔부엉이	41	줄종개	71
송사리	72	집박쥐	31
송장헤엄치개	80	집비둘기	34
쇠딱따구리	96	찌르레기	36
숲새	38		
쌀미꾸리	71		
썩덩나무노린재	109		

ㅊ ㅋ ㅌ

참개구리	68		
참매	94		
참매(암컷)	94		
참붕어	70		
참새	32		
청개구리	69		
청설모	88		
큰밀잠자리	76		
큰부리까마귀	33		
큰유리새	93		
큰줄흰나비	46		
텐구거품벌레	107		
톱사슴벌레	106		

ㅇ

아무르장지뱀	44
알락거위벌레	108
애반딧불이	75
애사슴벌레	106
애호랑나비	101
열점박이무당벌레 애벌레	49
오목눈이	95
왕사마귀	82
왕새매	62
왕오색나비	99
왕잠자리	78
유지매미	103
유혈목이	65
이십팔점박이무당벌레	49
일본돌거북	63
일본애호랑나비	101

ㅍ ㅎ

피라미	70
호랑나비	47
홍점알락나비	99
황금새	93
황로	57
휘파람새	38
흑백알락나비	99
흰띠거품벌레	107
흰머리오목눈이	95

ㅈ

작은녹색부전나비	100
장수풍뎅이	105
제비	35
조롱이(암컷)	94
족제비	92
좀사마귀	82
종다리	60